Criptomoneda

Una Guía Completa Para Invertir En Bitcoin, Altcoin, Litecoin Y
Más

(Guía Para Entender El Litecoin, Bitcoin Y Más.)

Eryk Marín

Publicado Por Jason Thawne

© **Eryk Marín**

Criptomonedas: Una Guía Completa Para Invertir En Bitcoin, Altcoin, Litecoin Y Más (Guía Para Entender El Litecoin, Bitcoin Y Más.)

ISBN 978-1-7770207-5-0

TABLA DE CONTENIDO

Parte 1

Introducción

Felicidades por descargar tu copia personal de Criptomonedas. Gracias por hacerlo.

Bienvenido a la última guía de minería criptográfica. Si eres principiante en el mundo de las Criptomonedas, y estás interesado en la minería, esto es perfecto para ti. Puedes ser solamente un curioso sobre el funcionamiento de las Criptomonedas, y este es el libro perfecto. Hay muchos recursos en línea de Criptomonedas, y muchos de ellos tienden a ser difíciles de comprender. Están llenos de abreviaciones, detalles técnicos, y lenguaje que a los principiantes encuentran difícil de descifrar, los siguientes capítulos fueron escritos pensando en los principiantes. Hemos hecho todo lo posible para mantener al mínimo el lenguaje técnico. Para empezar a trabajar con la minería, la lectura de este libro es un buen primer paso, pero tu investigación no debería de detenerse aquí. A medida que empieces a construir tu plataforma o computadora minera, necesitarás hacer más investigación. Existen muchas partes individuales que te llevan a la minería, así que vamos a sumergirnos. Existen muchos libros sobre este tema en el mercado, ¡nuevamente gracias por elegir este!
Se realizaron todos los esfuerzos posibles para asegurar que esté libro este contenido de mucha información útil. ¡Por favor disfrútalo!

¿Sabías que un gran porcentaje de las personas que ganan mucho dinero lo pierden en el primer par de años?

No toma mucho para que una persona pierda todo su dinero. Alrededor de 2 de cada 3 ganadores de lotería pierden todas sus ganancias en un plazo de 5 años. Si alguien pudiera perder cientos de millones de dólares durante un par de años, ¿Qué tan rápido perderás los millones que podrías ganar con este libro?

Durante el último par de años me he tropezado con la llave secreta detrás de la administración y MANTENIENTO del dinero. Si sigues el enlace de abajo descubrirás la verdad detrás de la administración y mantenimiento del dinero que ganas.

Bitcoin, Etéreo y más allá: ¿Qué es la Criptomoneda?

La Criptomoneda es una moneda virtual o digital que proporciona seguridad a sus usuarios mediante la criptografía. Estas características de seguridad hacen que sean difícil de falsificar. Su característica más atractiva es que es de naturaleza orgánica lo que significa que no se emiten por una autoridad central. Esto hace que sea inmune a cualquier manipulación o interferencia por el gobierno.

Debido a que las Criptomonedas son de naturaleza anónima, los convierte en objetivos para actividades criminales como evasión fiscal y lavado de dinero.

El Bitcoin fue la primera Criptomoneda en captar la atención del público. El Bitcoin fue creado en 2009 por un individuo o grupo llamado así mismo Satoshi Nakamoto. Para septiembre de 2015, más de 14.6 millones de Bitcoins ya estaban en circulación. Estos Bitcoins tienen un valor en el mercado de alrededor de $3.4 mil millones. El éxito del Bitcoin ha dado lugar a la creación de más Criptomonedas como el PPcoin, Namecoin, y Litecoin.

Ventajas y desventajas

Es más fácil de transferir dinero entre dos personas con Criptomonedas. Se agilizan las transferencias mediante el uso de claves privadas y públicas para ayudar con la seguridad. Las transferencias se completan con tarifas muy bajas, y esto permite a los usuarios mantenerse alejados de las grandes tarifas que cobran muchas instituciones financieras y bancos para realizar transferencias bancarias.

En el centro Bitcoin en sus cadenas de bloques almacena todas las transacciones. Cada transacción de Bitcoin que se hayan realizado estará en esta cadena de bloques. Esto da una estructura de datos que podrían estar expuesto a amenazas de hackers. Podría ser copiado en cualquier computadora que ejecute el software Bitcoin. La mayoría de los expertos en cadena de bloques consideran importante para las tecnologías como la financiación y la votación en línea. Las Criptomonedas incluso pueden ayudar a reducir las tasas de procesamiento. Dado que las Criptomonedas no tienen un depósito central y son virtuales, la moneda puede desaparecer si su computadora falla y si no se tiene una copia completa de sus monedas. La cantidad de una Criptomoneda puede ser intercambiable por muchas cantidades diferentes de monedas porque los precios cambian debido a la demanda y la oferta.

Estas Criptomonedas no son inmunes a hackers. En el corto tiempo, los Bitcoins han tenido alrededor de 40 robos. Algunos de estos robos fueron valorados en más de un millón de dólares. Muchos fanáticos intransigentes piensan que las Criptomonedas son una moneda que mantendrá su valor, y aceleraran el intercambio, es más fácil de moverse que un metal duro, y el gobierno y los bancos centrales no pueden tocarlo.

Satoshi

El Satoshi es la unidad más pequeña de la moneda de Bitcoin. Recibe su nombre del creador de Bitcoin, Satoshi Nakamoto. Las Criptomonedas solo existen en el mundo virtual, a diferencia de las monedas físicas como el dólar estadounidense o la libra esterlina. Una Criptomoneda se puede dividir en unidades más pequeñas, como el dólar se divide en centavos y una libra se divide en peniques.

Bitcoin

El Bitcoin sigue las ideas descritas en el libro de contabilidad de Satoshi Nakamoto. La identidad de esta persona o grupo nunca ha sido verificada. Con la oferta de tarifas de transacciones más bajas y siendo operado por una autoridad descentralizada, no es de extrañar por qué Bitcoin ha alcanzado la fama. La capitalización en el mercado para cada Bitcoin que está en circulación es de más de $ 7 mil millones.

No puedes sostener Bitcoins físicamente. El saldo se almacena en un libro público junto con cada transacción del Bitcoin en la nube. Cada transacción se verifica por enormes cantidades de cálculos computacionales. Los gobiernos o los bancos no pueden respaldar o emitir Bitcoins, y no son valorados como una mercancía. A pesar de ser una moneda de curso legal, el Bitcoins ha desencadenado la creación de otras monedas conocidas como Altcoins.

Las balanzas de Bitcoin se almacenan en claves privadas y públicas que son largas cadenas de letras y números que están vinculados por un algoritmo matemático que están cifrados. La clave pública es equivalente a un número de cuenta bancaria. Esta es la dirección que se publica para todos y donde otras personas pueden enviar Bitcoins. Las claves privadas son similares a un número PIN y este se debe mantener en secreto. Únicamente se utiliza para autorizar transferencias de Bitcoin.

Satoshi Nakamoto

Es la entidad pionera de la Criptomoneda. Satoshi Nakamoto es el mayor enigma en Criptomonedas. Todavía no está claro si es ella, él, una persona o un grupo. Lo que sí sabemos es que Satoshi Nakamoto publicó un documento en 2008 donde empezó la creación de la Criptomoneda.

Dinero Bitcoin

Es una segunda división del Bitcoin clásico que se conoció en agosto de 2017. Esta Criptomoneda puede aumentar el tamaño del bloque y permitir el procesamiento de más transacciones. Desde que fue lanzado, el Bitcoin ha enfrentado la presión de los miembros de su comunidad sobre su crecimiento en magnitud. Su tamaño de bloque, que es un megabyte o un millón de bytes, se estableció en 210. frena el tiempo de procesamiento y limita el potencial de Bitcoin justo cuando se estaba haciendo popular.

El límite de tamaño de bloque se colocó en el código para evitar ataques en la red cuando su valor era muy bajo. El valor de Bitcoin ha aumentado sustancialmente, y su tamaño de bloque ha aumentado a 600 bytes. Esto crea un escenario en el que el tiempo de transacción podría demorar debido a que más bloques alcanzan la máxima capacidad.

Copia digital

Es un registro de cada transacción de Bitcoin que se han confirmado o enviado a la red entre pares. Esta es una función de seguridad en la plataforma Bitcoin que se creó con el fin de ayudar con el doble gasto. Con el aumento de las Criptomonedas, también provocó un problema llamado doble gasto. Esto ocurre cuando un usuario compra algo a dos vendedores y utiliza los mismos Bitcoins. Esto sería como intentar comprar manzanas de dos proveedores diferentes, pero utilizar el mismo dinero para cada transacción. Esto simplemente no puede suceder. Para resolver este problema, los creadores de Bitcoin crearon un proceso en el que cada transacción es copiada en un libro de contabilidad y es verificada por muchos mineros diferentes de Bitcoin que se distribuyen en toda la red.

Cada transacción se registra en la cadena de bloques y luego se copia y almacena digitalmente a través de varias redes dentro del sistema descentralizado. Para evitar que los usuarios gasten el mismo dinero dos veces, la copia digital se asegura de que cada participante tenga una copia digital cifrada propiedad de todos. Los mineros se encargan de verificar cada transacción y los agregan a los libros de contabilidad. Al tener copias digitales en los libros de contabilidad de Bitcoin, es imposible que el historial de transacciones se vea comprometido. Cualquier usuario que intente cambiar una transacción dentro del libro de contabilidad para beneficiarse no tendrá éxito ya que solo puede cambiar su propia copia digital. Para que una transacción se modifique en el libro de contabilidad, el usuario debe tener acceso a la copia de todos. Esto resultaría ser muy en vano.

Bitcoin ilimitado

Se trata de una actualización a Bitcoin Core que proporciona tamaños de bloque más grandes. Creada para mejorar la velocidad de transacciones. Se propusieron varias mejoras a este software. Estas actualizaciones se centran en aumentar la cantidad de transacciones que puede hacer el sistema al aumentar el tamaño de los bloques o acelerar el proceso.

Los bloques son archivos donde se almacenan las transacciones de Bitcoin. Cada vez que se completa un bloque, esta se pone en la cadena de bloques. Los bloques son de tamaño limitados a un megabyte. Bitcoin ilimitado busca aumentar el tamaño de bloque. Esto quiere decir que las empresas y los individuos otorgan el poder de cómputo que se necesita para mantener los registros de todas las transacciones. Debido a que los Bitcoins no están controlados por una autoridad central, las decisiones sobre las actualizaciones se toman a través de un acuerdo. Cualquier persona u organización que impulse un cambio y los demás miembros no estén de acuerdo puede provocar bifurcaciones en el Bitcoin. Esto significa que la red que ejecuta Bitcoin se dividirá. Tener un enfoque basado en el acuerdo podría hacer que sea difícil abordar los problemas que enfrenta Bitcoin.

Los problemas con las bifurcaciones es una de las razones por las que Bitcoin ilimitado no es el estándar nuevo. Tener bloques más grandes les resulta a los mineros que tienen unidades de procesamiento más grandes, más poderosos y rentables, mientras que los pequeños mineros podrían ser expulsados por completo.

Litecoin

El Litecoin se creó en 2011. Es una diferente Criptomoneda basada en el modelo de Bitcoin. El creador de Litecoin es Charlie Lee. Graduado en el MIT, el solía trabajar en Google. El Litecoin al igual que el Bitcoin son una red de código abierto que está descentralizada. Es diferente al Bitcoin porque puede crear bloques más rápido y utiliza un código cifrado como prueba de trabajo. El Litecoin se creó con la esperanza de ser de la izquierda a la derecha del Bitcoin. Gano popularidad desde su creación. El Litecoin también es una red entre pares. El Litecoin se creó para mejorar las deficiencias del Bitcoin. Se ha ganado apoyo, así como liquidez y volumen de comercio. El Litecoin fue diseñado para crear más monedas rápidamente. El Litecoin se considera el segundo del Bitcoin, pero los Litecoins son más fáciles de obtener y enviar.

Altcoin
Estas son todas las diferentes Criptomonedas que se han creado después del Bitcoin. Se dicen que son mejores que el Bitcoin, pero esto aún está por verse. Muchas monedas alternativas apuntan a las limitaciones que tiene el Bitcoin y se crean más versiones nuevas. Existen muchas variedades de Altcoins. La mayoría de los Altcoins están construidos sobre el marco del Bitcoin y también en base a la red entre pares. Algunos ofrecen formas más eficientes y baratas de enviar transacciones. A pesar de que muchas de las características de los Altcoins se sobreponen, estos siguen siendo muy diferentes entre sí. Incluso con todos estos competidores, el Bitcoin sigue siendo el líder en el paquete de Criptomonedas. Se están lanzando nuevas versiones. La oferta cambia en áreas como la resolución de dominios DNS, la prueba de colaboración, privacidad, y la de velocidad de transacciones y mucho más. Algunos han ganado popularidad. Algunos no son bien conocidos. Algunos ejemplos de Altcoins son Novacoin, Zetacoin, Feathercoin, Peercoin, Dogecoin, Litecoin, entre otros. Litecoin es el competidor más cercano de Bitcoin.

¿Qué es la minería criptográfica?

Como se mencionó anteriormente, la Criptomoneda utiliza una

técnica llamada criptografía para procesar transacciones. Este es un proceso que convierte información legible en códigos que no se pueden rastrear y que ayudan a realizar seguimientos de transferencias y compras. Una simple definición, solo son entradas en una base de datos que nadie puede cambiar sin pasar antes por un protocolo específico. La criptografía utiliza un elemento informático y la teoría matemática que se creó durante la Segunda Guerra Mundial para transferir información y datos de forma segura. Ahora se está utilizando para asegurar dinero, información y comunicaciones en línea.

Las Criptomonedas se ejecutan en cadenas de bloques que son libros compartidos y se duplican muchas veces en una red de computadoras. Un documento actualizado se hace y distribuye a cualquiera que tenga Criptomonedas. Cada transacción que se realiza, el propietario de cada Criptomoneda registra en la cadena de bloques. Estas cadenas de bloques están a cargo de mineros que usan computadoras de alto procesador para verificar las transacciones. Estas se actualizan cada vez que se realiza una transacción para garantizar que la información es auténtica. Esto asegura que todas las transacciones se procesen de forma segura, adecuada y fiable.

A los mineros se les paga con Criptomoneda acuñada como pago por su trabajo. Estos se mostrarán como honorarios de los comerciantes o vendedores. El valor de Criptomonedas sube y bajan según la oferta y demanda. No tiene un valor fijo. El vendedor y los compradores acuerdan un cierto valor que es justo en base de que es lo que se negocia la Criptomoneda en otro lugar. Las tarifas de las transacciones que están asociadas con tarjetas de crédito se eliminan ya que las transacciones son de red entre pares. Las identidades de los vendedores y del comprador nunca se revelan. Cada transacción es pública para todos en la red de cadena de bloques. Las personas pueden obtener Criptomonedas a través de intercambios en línea o cambiándolas por monedas normales.

La minería para Criptomonedas tiene dos funciones: liberar moneda nueva y agregar transacciones en la cadena de bloques. Cada bloque agregado por los mineros tiene que contener trabajo de prueba. Los mineros deben de tener una computadora con un programa especial que les ayude a competir con otros mineros para resolver problemas matemáticos complicados. Esto requiere cantidades grandes de recursos informáticos. Los mineros intentan resolver bloques en intervalos regulares. Ellos necesitan los datos de las transacciones y usan las funciones hash criptográficas para resolverlos.

La función hash es un valor de números que pueden identificar datos. Los mineros usan las computadoras para encontrar valores hash menores que el objetivo. Quien quiera que sea el minero, primero extrae realmente el bloque y obtendrá una recompensa. La recompensa por un bloque se encuentra en 12.5 Bitcoins.

Al principio, los entusiastas de la criptografía eran los mineros. A medida que el Bitcoin ganó popularidad y su valor aumentó, la minería ahora es un negocio por sí solo. Muchas empresas y personas comenzaron a invertir en hardware y almacenes.

Cuando los negocios se incorporaron, pronto se dieron cuenta de que no podían competir. Los mineros comenzaron a abrir grupos y combinaron sus recursos para competir mejor.

Uno de los negocios, del Banco de Nueva York Mellon Corp., ha estado utilizando una plataforma de cadena de bloques desde el 2016 para ayudar en la liquidación de bonos del Tesoro de EE. UU. La privacidad de la plataforma le ha permitido permanecer fuera del alcance de las agencias reguladoras. Cuando un banco decide dejar que sus clientes lo utilicen comercialmente, las agencias reguladoras pueden entrar en acción. La colección de minería contiene un ventilador, cableado, memoria, fuente de alimentación, un procesador y tarjetas gráficas. El costo de esto es de alrededor de $ 2,400 a $ 3,800 si se compra a través de Amazon. Los mejores hardware para la minería son AntMiner S9, AntMiner S7 y Avalon6.

La Unidades de procesamiento gráfico (GPUs) normales no son lo suficientemente potente, por lo que los mineros están empezando a utilizar ASICs o circuitos integrados específicos para cada aplicación. Para ayudar con esta deficiencia, AMD y Nvidia trabajan en GPUs que podrían utilizarse únicamente para este fin.

Hay dos compañías que dominan el hardware minero, y son Bitmain y Canaan. Bitmain se encuentra en Pekín. Se dedica a la extracción y fabricación de hardware. Minas y fábricas de hardware.

Grupos de minería
La mayoría de los grupos de minería se encuentran en China y fabrican aproximadamente el 81 por ciento de la tasa de hash. Nvidia y AMD dominan el mercado de chips de juegos, desviar su enfoque de negocio principal podría no ser un buen curso de acción.
Estas compañías tienen que crear GPUs diseñados únicamente con el fin exclusivo de la minería. Estos GPUs son una amenaza para los chips ASIC que se fabrican en China.

La bolsa de valores y los gobiernos están contemplando las regulaciones de las Criptomonedas. Después de MtGox, la bolsa de valores con sede en Tokio se derrumbó en 2014, Japón introdujo leyes para proteger a los usuarios. La introducción de impuestos, como un impuesto sobre las ganancias del capital de las ventas del Bitcoin podría frenar la industria de la Criptomoneda.

¿Qué puedes extraer en tu mina?

La minería en Criptomonedas y Bitcoin son muy populares hoy

en día. A medida que más gente empieza su mina, es más difícil tener éxito con una mina en cualquier tipo de Criptomonedas.

Para maximizar el poder del hash, se necesita extraer la divisa que le ofrezca mayores ganancias. No realice minas con algoritmos difíciles como el Bitcoin, mejor intente algunas Criptomonedas más fáciles. Una vez que haya extraído con éxito la moneda, conviértala en la moneda de su elección. Puede hacer un intercambio en línea y así maximizar los beneficios.

Aquí puede encontrar una lista de las Criptomonedas líderes del grupo:

- Bitcoin: La economía actual, cada transacción que se realiza tiene que pasar por la compañía de la tarjeta de crédito o por un banco. Se cobra una comisión por la transacción, y esperamos a que no se equivoquen. Aquí es donde entra Bitcoin. En el centro del Bitcoin tiene problemas matemáticos. Los mineros tienen que resolver esto. Cuando se encuentra una solución, el minero es recompensado con Bitcoins. Los Bitcoins se extraen mediante potentes tarjetas gráficas.

- Etéreo: Esta plataforma fue diseñada para personas que desean crear aplicaciones descentralizadas. En los últimos meses, Etéreo se volvió muy valioso y esto lo convierte en la mejor opción para los mineros que recién empiezan. Permite transferencias de red entre pares y la cadena de bloques. Esta cadena de bloques está en tu propio idioma. Esto permite que las personas lo utilicen para todo tipo de aplicaciones descentralizadas. Está asegurado por criptografía. Etéreo no tiene un ASIC. Esto no significa que no puedas ganar dinero. Si tienes un GPU para minería, puedes extraer alrededor de 1.400 dólares al año.

- Litecoin: Es otra Criptomoneda descentralizada. Existen solamente alrededor de 84 millones. Ofrece tarifas bajas y rápidos tiempos de transacción. Puedes venderlos y comprarlos e intercambios a otras personas. Puedes utilizarlos para comprar casi cualquier cosa. Si usas Antminer, puedes extraer alrededor de $6,000 por año.

- Dash: Esta es la primera Criptomoneda que actúa como moneda fiduciaria. Así mantienes el control total de tu dinero. tienes total privacidad, y no hay forma de rastrear las transacciones. Las transacciones se procesan instantáneamente. Prácticamente no hay cargos ya que tu podrás controlar tu dinero. Dash es una de las tres monedas más rentables. Al minar usando un ASIC específico, podrías extraer de tu mina alrededor de $1,000 por año.

- Monero: Es una Criptomoneda intercambiable. Enorgullecida de la privacidad que ofrece a sus usuarios. Su valor aumenta constantemente. Invertir en hardware de Monero puede ser el camino a seguir. Si se extrae usando una GPU específica, se pueden extraer hasta 1.400 dólares al año.

- Zcash: Criptomoneda basada en la plataforma de Bitcoin, pero tiene una principal diferencia. Zcash ofrece a sus usuarios la opción de encriptar sus propias transacciones. Es decir, esencialmente que el importe de la transacción, la dirección del destinatario y la dirección del remitente están ocultos al público. La gran mayoría piensa que Zcash es el futuro de mantener las transacciones anónimas. Las GPUs normales pueden explotar Zcash como GTX 1080. También puede minar por decreto. Zcash ha puesto un tope a la cantidad de monedas que se pueden extraer. Entra ahora, ya que sólo 21 millones de personas tendrán su mina.

- ZenCash: Criptomoneda creada para la privacidad del usuario. La mayoría lo llama la moneda de la privacidad. Todas las transacciones están fuera de la red. Esto los hace que sea extremadamente seguro. Le permite enviar monedas directamente a la dirección de un destinatario. Esta sería una gran Criptomoneda para aprender a extraer.

¿Cómo funciona el sistema?

Las Criptomonedas crean bloques de todas las transacciones. Éstos se juntan y crean una cadena de bloques. Cada vez que se hace una transacción, la cadena de bloques se actualiza.

Los mineros utilizan un proceso en el que toman la información y usan fórmulas para procesarlas. El resultado es una cadena de números y letras más corta que la transacción real. Esto se conoce como hash.

Cada hash es similar al hash que se utilizó al principio, porque cada hash se basa en el que hash que está enfrente, y el siguiente confirmará que los otros son legítimos.

Para extraer bloques, los mineros utilizan GPUs específicos para encontrar respuestas a sus preguntas. Cuando encuentran la respuesta, reciben una cierta cantidad de monedas como recompensa. Los mineros usan sobre datos de encabezado en toda la función hash. Cada moneda tiene sus propios algoritmos. Litecoin utiliza un código cifrado. Cada vez que se encuentra un hash válido, éste pasa a través de la red y forma parte del libro de contabilidad público.

No puedes simular tu trabajo y hacer trampa. Esta es la razón por la que todas las Criptomonedas requieren una prueba de trabajo. Etéreo está tratando de deshacerse de la prueba de trabajo y utilizar la prueba de la participación. Si el minero puede validar su trabajo, se le recompensa con Criptomonedas.

La importancia de la eficiencia de la potencia del GPU

Podrás extraer monedas con más éxito si tienes una GPU potente. Piensa en toda la información proporcionada y que podrás entender por qué se necesita una GPU potente. Podrás extraer monedas con más éxito si tienes una GPU potente.

Las tarjetas gráficas potentes utilizan grandes cantidades de electricidad, también es necesario pensar en la importancia de la eficiencia de las tarjetas. Sería mejor comprar varias GPUs baratas que tienen mayor relación entre hash/potencia, te podría dar mejores ganancias. Un buen ejemplo de este tipo de GPU es la GTX 1050 Ti.

La minería es cada vez más difícil, por lo que es fundamental contar con un eficiente GPU, a algunos le costará más en la factura de electricidad de lo que les dará en ingresos.

Factores que dañan la eficiencia de una computadora

No puedes utilizar cualquier tarjeta gráfica para la minería. Aquí hay algunas tarjetas para considerar:

MHash/s

Esto equivale a muchos números que la tarjeta puede manejar durante la extracción. Podrás utilizar más hashes si tu tasa es alta. Si la tasa de hash es baja, no podrás utilizar tantas. ¿Qué significa esto exactamente?, que las tasas mayores de hash tienen resultados más rápidos.

MHash/j

El número de hashes que la tarjeta puede manejar por joule de energía. Como ya se mencionó, la minería utiliza una gran cantidad de electricidad. Necesitará extraer suficientes monedas con su tarjeta para que pueda obtener ganancias después de que su factura de electricidad haya sido pagada. Un mayor número muestra que su tarjeta es más eficiente en el consumo de energía. Si la tarjeta es energéticamente eficiente, entonces usted está ahorrando algo de dinero.

MHash/s/$.

Esta es la forma de mostrar la relación rendimiento/precio de una tarjeta. Si tienes un número alto, obtendrás más dinero. Si tu tarjeta utiliza mucha electricidad y tiene una tasa de hash baja, no generará muchos ingresos, si es que los hay. Necesitas encontrar una tarjeta que tenga un buen equilibrio entre rendimiento y precio. La minería de Criptomonedas como Etéreo, Litecoin y Bitcoin requiere una tarjeta gráfica muy potente. En realidad, se necesitan varias tarjetas gráficas. También necesitarás una placa base que tenga la misma cantidad de ranuras que las tarjetas GPU.

Asegúrate de tener la fuente de alimentación correcta. Si su computadora no tiene la cantidad correcta de energía, no va a funcionar correctamente.

¿Es la minería adecuada para ti?

La minería es una gran idea. Valla y compre un GPI minero y observe cómo llega el dinero. ¿Verdad?

En realidad, no.

Existen grandes almacenes en diferentes países que tienen facturas de electricidad muy bajas, estos almacenes albergan miles de GPUs y el costo oscila entre miles y millones de dólares. Con esta configuración, la minería es muy rentable, y los inversionistas están haciendo grandes cantidades de dinero. Cuando una persona trabaja en la minería en una computadora personal en casa, es muy posible que nunca vea un retorno de su inversión.

Usted todavía puede ser beneficiado por la minería. Algunos lo hacen como un pasatiempo. A menos que lo hagas a gran escala, no veras grandes beneficios. Si sólo quiere tener algo de Criptomonedas, sólo tienes que comprar un poco.

Negociar Criptomonedas por dólares u otras Criptomonedas.

Primero tendrá que cambiar sus Criptomonedas, es preferible por Bitcoins. Este es el procedimiento:

1. Crear una cuenta en un intercambio en línea como Binance.

2. Después de crear la cuenta, tendrá que comprar la dirección de la cartera de su moneda preferida. Esta dirección se utiliza con su software de minería. La moneda que usted mina se pone en esta cartera. Desde allí, usted puede cambiarla por Bitcoin y luego por dólares. Para ello, deslice el cursor por encima de la pestaña que dice Funds. Aparecerá un menú desplegable. Ahora haga clic en depósitos/retiros. Busque sus Criptomonedas y haga clic en depósito. Cuando se le pregunte, haga clic en Aceptar y siga adelante. Se le abrirá una página emergente que le mostrará su dirección personal. Copie el código y coloque en el software en esta dirección.

3. Después de haber depositado Criptomonedas en su cuenta de cambio, puede elegir cambiarlo por Bitcoin. Aquí está cómo hacerlo:

Vaya a la página de inicio, pero haciendo clic en el logotipo. Vaya a los mercados BTC y busque sus Criptomonedas. Cuando haya elegido su moneda, podrá verla en los resultados de la búsqueda. Haga clic en él. En la caja de venta, puede cambiar su moneda por Bitcoin. Si necesita transformar toda la moneda que posee en Bitcoin, sólo tiene que elegir el 100 por ciento.

4. Ahora, tendrá que transferir sus Bitcoins desde el intercambio

que está utilizando a otra como Gemini o Coinbase. Una vez que lo haya transferido, puede cambiar Bitcoins por dólares. Aquí está el procedimiento:

Vuelva a la página de depósitos/retiros. Ahora puede retirar sus Bitcoins adquiridos de su cartera Bitcoin de esta manera:

Escriba su dirección Bitcoin. De clic en Gemini o a Coinbase (cualquiera que haya usado). Cuando haya finalizado el registro, haga clic en cuentas. Haga clic en recibir debajo de la cartera BTC. Debería aparecer un código QR. Esta es la dirección de su cartera. Deberá copiar y pegar esto en la dirección de retirada de BTC. Elija la cantidad y después envíela.

5. El último paso es vender Bitcoin por moneda normal. Vaya a la pestaña vender/comprar y haga clic en vender. Sólo tiene que elegir el banco o la cuenta en la que quiera depositar el dinero. Escriba la cantidad de Bitcoin que desea depositar y haga clic en vender Bitcoin. Eso es todo.

Usted ha negociado exitosamente sus Criptomonedas por Bitcoin y ha cambiado Bitcoin por dólares.

Obtener tu hardware y armar tu equipo

En este capítulo, entraremos lo esencial para armar tu propio equipo y minería. El objetivo de este capítulo, es analizar el armado y la plataforma de Etéreo. Esto se llevará a cabo a través de la búsqueda de su propio equipo, como también el armado. Esto podría tardar hasta una semana. También puede elegir por comprar un contrato de minería en la nube a través de Genesis Mining o Hashflare si no tiene interés en comprar equipos de minería.

Equipo abastecido

Es necesario conseguir varios componentes, y los costos pueden incrementar.

1. Tarjeta madre

El cerebro de tu ordenador, la tarjeta madre es toda la base que conforma a tu equipo. Lo más importante de tener en cuenta para tu tarjeta madre es cuántas ranuras de GPU tiene, ya que esto determinará la cantidad de GPU o tarjetas gráficas que puede contener, es lo que determina la potencia de hashing. Si la tarjeta madre tiene 3 ranuras emitidas en el PCI, entonces se podrá instalar 3 x Radeon HD 7950 y tener una tasa de hash de 20 MH/s cada una, lo que le dará una potencia de hash completa de 60 MH/s. La ranura emitida por PCI es el punto de conexión de la tarjeta madre. Por lo general son blancos, pero también pueden ser beige. Hay otros tipos de ranuras, pero la mayoría de las GPUs trabajan en PCI.

2.   Tarjeta gráfica

Ahora elige tu GPU. Hay algunas tarjetas gráficas que le pueden costar un brazo y una pierna figurativamente, pero tienen un poder de hash horrible. También hay otros que tienen un precio más razonable y tienen más potencia. Básicamente tienes que encontrar un equilibrio entre la potencia que buscas y cuánto estás dispuesto a pagar. Lo importante es elegir una GPU eficiente. Puedes comprar GPUs reacondicionadas en sitios de renombre como GPU shack. Sin embargo, hay que tener cuidado, hay muchas tarjetas de segunda mano que tienen problemas que no descubrirás hasta que las conectes.

Hay un problema común que puede tener con tu placa madre y tu tarjeta gráfica. Es posible que no todos encajen perfectamente debido a la forma en que las ranuras emitidas en el PCI están separadas en la tarjeta madre. Pero no te preocupes, puedes conseguir un elevador que funciona como una extensión de cable para la ranura. Hay algunas tarjetas gráficas que son muy grandes, así que tenga cuidado al elegir su tarjeta.

3.   Disco duro

El disco duro es necesario para que pueda almacenar su sistema operativo y el software de la minería. Puede utilizar una unidad SSD estándar. El tamaño que necesitará dependerá de lo que quiere hacer cuando está minando. Si usted tiene interés en descargar completa la cadena de bloques, necesitará tomar en cuenta el tamaño de la cadena de bloques y el tiempo que necesita invertir en ella. Si planea minar en Etéreo como parte de un grupo de minería, no tendrá que almacenar en la cadena de bloques y podrá obtener una unidad SSD más pequeña.

4. MEMORIA RAM

Es uno de los componentes más básicos de todas las computadoras y funciona como un bloc de notas para anotar los cálculos y ser capaz de llamar esa información rápidamente en tu computadora. 4 GB son suficientes.

5. FUENTE DE ALIMENTACIÓN

Puede obtener fuentes de alimentación de diferentes tamaños, y esto puede causar problemas para algunos cuando quieren saber el tamaño que necesitan. Debes sumar el consumo de energía de tu GPU y el de todos los demás componentes y, a continuación, debes asegurarte de que la fuente de alimentación tenga mayor energía. Si utilizas dos GPU de 220 vatios y los demás componentes consumen otros 250 vatios, puedes utilizar una fuente de alimentación de 750 vatios, ya que la cantidad total de energía que necesitas es de sólo 690 vatios. Si planeas construir un "mega ordenador" que contenga seis GPUs, puedes encontrar que es más eficiente utilizar dos fuentes de alimentación diferentes. Dos fuentes de alimentación de 750 vatios a un costo de $100 por unidad es mejor que $300 para una sola fuente de alimentación de 1500 vatios.

6. Un caso

Puede resultar muy complicado, ya que dependerá de la GPU que utilices, y también de si estás utilizando bandas o no. Asegúrate de que no tiene componentes encima de otros, ya que puede provocar un incendio. Puede elegir dejar tu sistema al aire libre; puede construir un estuche para darle un poco de personalización. También puede optar por comprar un equipo disponible de unos pocos proveedores. Puede tardar un poco en llegarte, pero todo el trabajo duro está hecho.

gpuShack.com es un gran sitio web para conseguir tus

componentes. Ofrecen paquetes para grupos, lo que puede hacer más barato para ti.

Cómo armar su ordenador

Como dije antes, necesitas estar seguro de que tu fuente de alimentación es capaz de trabajar con tus tarjetas gráficas, y también tendrás bandas que te darán la oportunidad de colocar más GPUs en un lugar seguro. Todas las conexiones deben conectarse correctamente y que todo esté unido.

Un consejo sobre el posicionamiento, las GPUs se pueden calentar, especialmente si están sobrecargadas, por lo que necesitas asegurarte de obtener el mejor rendimiento por tu dinero. También debes asegurarte de que tu equipo esté colocado en un área bien ventilada para que no corras el riesgo de sobrecalentarlo.

Una vez que su equipo esté encendido, es importante que te asegures de que todo el software que necesita para la minería está en su equipo.

Software

El primer paso es instalar un sistema operativo en tu equipo. Para las personas con una visión más técnica, puede usar Linux, Ubuntu, pero para la mayoría de las personas, Windows es la mejor opción porque automatiza la instalación de controladores para que todos los componentes se comuniquen correctamente entre sí. Sin embargo, la mejor parte de Ubuntu, es que ofrece muchas opciones y es gratis.

También puede elegir descargar EthOs, que es un APP que fue diseñado de forma específica para la minería Etéreo. Todos ellos tienen la forma perfecta de que un sistema de minería específico y equipos gestionen sus GPUs.

Después de que haya descargado su sistema operativo en su equipo, hay dos maneras de empezar a trabajar en la minería:

- Minería en solitario - este tipo de minería significa que eres tú contra todos los demás. Si crea el hash correcto, recibirá la recompensa del bloque. Si tienes un equipo de 60 MH/s y una potencia de 1.2 GH, probablemente no verás mucho éter. También necesitará descargar la cadena de bloques.

- Grupos de Minería - este tipo de minería requiere que usted se asocie con otros mineros para reducir la inestabilidad de los retornos. Esto podría significar que usted recibe cinco éteres cada cinco días, o que recibe un éter por día. Lo mejor de esto es que obtienes un flujo continuo de éter sin necesidad de descargar la cadena de bloqueo completa.

4

Minería Etéreo

Ahora debe comprender cómo funciona la minería, por lo que probablemente quiera empezar a trabajar por su cuenta. Como una pequeña información, la minería es lo que mantiene unida a la "tienda de aplicaciones descentralizada" asegurándose de que haya un acuerdo para cada cambio en las aplicaciones que se están ejecutando en la red.

Tomemos, por ejemplo, el cuaderno en línea que se describe en "¿Qué es Etéreo?" La red no pudo llegar a un acuerdo sobre el estado del cuaderno, como si se hubiera borrado o añadido una nota, sin poder computacional para procesar los cambios.

Los mineros permiten que sus computadoras se vuelvan locas para resolver rompecabezas criptográficos intentando obtener éter, y necesitan probar un gran número de problemas computacionales hasta que alguien pueda desbloquear un nuevo lote de activos.

Una parte muy interesante de la cadena de bloques abierta es que, teóricamente, cualquiera puede configurar su computadora para que sólo se centre en estos rompecabezas como una forma de ganar las recompensas de la minería. El problema de la minería en estas cadenas de bloques públicas es que a la larga necesitaras aún más rendimiento a medida que más personas empiecen a invertir en un mejor hardware.

Ahora es muy difícil que ganen aquellos que están minando con configuraciones con un procesador de baja potencia, pero sigue siendo un pasatiempo bastante bueno para los entusiastas y aficionados.

Necesitas un equipo que se utilice únicamente para la minería. Puedes elegir entre GPUs y CPUs, como ya sabes. Las GPUs te darán un mejor rendimiento. Las GPUs son la única opción para una persona interesada en la extracción de éter.

Conseguir tu GPU puede ser muy difícil, así que asegúrate de recibir consejos de otras personas y no confíes sólo en este libro. Otras personas pueden tener buenos consejos sobre las opciones más convenientes basadas en la tasa de hash, el gasto inicial y el consumo de energía.

También puedes encontrar calculadoras de rentabilidad minera que te mostrarán cuánto puedes ganar con su tasa de hash cuando se compara con el costo de la electricidad y la configuración.

Después de que configures tu equipo y ocupes tu hardware, necesitas tener tu software listo. Los mineros necesitarán instalar un cliente que pueda conectarse a la red. Las personas que están familiarizadas con una línea de comandos pueden elegir instalar geth, que ejecutará un nodo etéreo escrito en `Go', un lenguaje de escritura cifrado.

Una vez descargado el software, el nodo podrá hablar con otros nodos, que lo conectarán a la red Etéreo. Además del hecho de que puedes utilizar para extraer éter, te dará la interfaz para desplegar contratos inteligentes y enviar transacciones con una línea de comandos.

Ensayos

También puede elegir 'prueba' para minar el éter en una red privada para así experimentar con las aplicaciones descentralizadas o los contratos inteligentes. Para la explotación minera en una red de prueba no será necesario que tanga un hardware de lujo. Todo lo que necesitaras es una computadora en casa con geth u otro programa instalado. Falsificar éter no va a ser muy productivo.

Instalar Ethminer

Si planea extraer éter real, necesita instalar un software de minería. Una vez que haya descargado una aplicación y su nodo se haya convertido en parte de la red, tendrá que descargar Ethminer. Necesitará encontrar la versión de descarga adecuada para su sistema operativo.

Después de que este sea instalado, su nodo empezará a jugar un papel importante en el desarrollo de su lugar en la red Etéreo.

Únase a un grupo de minera

Es probable que no tengas tanto éxito como minero de éter. Para eso hay grupos mineros. Los mineros 'reúnen' su poder computacional para crear un fondo minero. Esto aumenta las posibilidades de resolver los rompecabezas y obtener una recompensa para todos los que participan en el grupo. Después dividirán sus ganancias, según sea la cantidad de energía que aportó cada minero.

Hay diversos factores involucrados al momento de entrar a un grupo minero. Es probable que algún grupo no sea para siempre, y el poder computacional de todos estos cambia constantemente, por lo que hay que tener en cuenta las distintas posibilidades antes de decidir unirse a un grupo minero.

Algo importante que debes recordar es que los grupos mineros tienen diferentes formas de pago. Un grupo minero se registrará en su sitio web para que los mineros puedan conectarse con el grupo y luego comenzar a trabajar en él.

Hay que recordar que en el mundo de la minería hay un sin fin de cambios. Las herramientas que usted aprende hoy podrían desaparecer el próximo año, y hay grupos mineros que pueden desaparecer mientras se crean otros, por lo que debe estar atento a los cambios en la industria.

Minería Bitcoin

La minería Bitcoin funciona muy similar a la minería Etérea. Deberías tener tu plataforma minera lista para trabajar. En su mayor parte, es probable que tengas que obtener un ASIC si está interesado en minar en Bitcoin. De lo contrario, es probable que no vas mucho a cambio. A continuación, deberás descargar el software de minería. Hay muchos programas que pueden usarse para el Bitcoin, pero las opciones más populares son BFGminer y CGminer que funcionan como programas de línea de comandos.

Si desea facilitar con una interfaz gráfica de usuario, la mejor opción es descargar EasyMiner, que funciona como un programa para Android/Windows/Linux.

Después de tener todo listo para empezar la extracción en la minera, es mejor que se una a un grupo minero de Bitcoin. Sin utilizar un fondo de extracción de la minera, puede estar atascado minando Bitcoins durante años y nunca ganar ni uno solo Bitcoin. Es mucho más fácil compartir el trabajo y luego dividir la recompensa entre un grupo de mineros.

Si desea un grupo completamente descentralizado, puede utilizar p2grupo. A partir de ahora, los siguientes grupos validan completamente el bloque utilizando el núcleo de Bitcoin 0.9.5 o posterior:

- Slush Pool
- Eligius
- CK Pool
- BitMinter

No importa la moneda que esté extrayendo, necesitará una cartera para depositar sus monedas y, sobre todo, tendrá que estar al día de todas las noticias actuales de Bitcoin. Esto es importante para sus ganancias.

Escribir un guion

Si piensa usar cpuminer, tiene que saber cómo configurar sus parámetros para la minería. Es más fácil crear un script de una línea, llamado archivo por lotes en Windows, para iniciar el minero con las instrucciones correctas.

Para esto necesitará:

- Contraseña del trabajador
- Número o nombre del trabajador
- Nombre de usuario de Grupo de Minería
- Número de puerto del servidor
- URL de estrato para el servidor de grupo de minería
- Ruta completa al directorio donde está almacenado su programa

A continuación, tiene que abrir el Bloc de notas o el editor de texto que prefiera. No utilice nunca un procesador de textos como MS Word. A continuación, deberá escribir el script. Este método asume que usted está tratando de minar una moneda que utiliza el algoritmo de cifrado.

Iniciar "path" minerd.exe - url URL:PORT -a scrypt - - - userpass USERNAME.WORKER:PASSWORD

Cuando escriba los detalles anteriores, obtendrá lo siguiente:

Iniciar   "C:|cpu-miner-pooler"   minerd.exe   -url stratum+tcp://pool.d2.cc:3333 -a scrypt - userpass username.1:x

En seguida, deberá guardar este archivo con la extensión ".bat". Después de guardar el archivo por lotes, haga doble clic en él para activar su nuevo programa minero. Es posible que el fondo minero tendrá una interfaz basada en la web. Después de unos minutos, el sitio web debería empezar a mostrar que usted está minando activamente.

Configuración para minar en el GPU

Para los que estén interesados en la minería con GPUs, es decir, cualquiera que cree en un equipo de minería, debería utilizar el programa CGminer. Las versiones de CGminer anteriores a la 3.72, no soportan la minería de script, esto quiere decir que no debe descargar la última versión. Tienen que encontrar la versión que le ofrezca todo lo que necesita.

Esta configuración supone que está utilizando Windows. Si está usando OS X o Linux, los argumentos de la línea de comandos serán los mismos.

Deberá extraer el software en una carpeta que pueda encontrar con facilidad. Ahora debe asegurarse de que sus controladores gráficos estén actualizados. A continuación, pulse la tecla Windows con la tecla "R". A continuación, escriba "cmd" y, a continuación, seleccione Enter. Esto le dará un terminal de mando. Ahora, puede utilizar el comando "cd" para cambiar el directorio al que tiene el archivo CGminer.

Escriba "cgminer.exe -n." Esto le dará la lista de los dispositivos reconocidos en su PC. Si puede detectar su tarjeta gráfica, entonces puede ir al siguiente paso. Pero si no detecta su tarjeta gráfica, tiene que investigar los pasos necesarios para configurarla correctamente. Enseguida, debe tener la información para su grupo minera. Esta es la misma información que necesitaba para la configuración de la CPU.

Ahora tiene que crear un archivo por lotes para que pueda iniciar su CGminer correctamente.

Iniciar "path" cgminer - scrypt -o URL:PORT –u NOMBRE DE USUSRIO.TRABAJADOR -p CONTRASEÑA

Una vez configurado el software de minería que ha elegido, empezará a ver las estadísticas desplazándose por la línea de comandos. Si tiene CGminer, vas a obtener más información que con cpuminer. Con el CGminer, verá información sobre el hardware de minería, el fondo de explotación minera y la moneda. Si estás usando cpuminer, sólo vas a ver información sobre los bloques que tu ordenador ha resuelto, y tu velocidad de hashing.

Lo mejor para las personas que tienen un PC con tarjetas gráficas dedicadas, es que pueden ejecutar CGminer y cpuminer juntos. A esto, añadirá un argumento "-threads n" en el comando mind. En este caso, la "n" representa el número de núcleos de CPU que desea emplear.

Debes dejar algunos de estos núcleos libres para que funcionen en tus GPUs. Si configuras minerd para utilizar todos los núcleos de CPU, la CPU estará demasiado ocupada para enviar datos a la

GPU. Si tienes una CPU de cuatro núcleos, entonces deberías poner el argumento a "2" o "3".

Cuando se extraes de la mina con CPU y GPU, puede que ser que son mejor las GPU cuando se trata de extracción minera. Observe las tasas de hash en la ventana de su terminal para sus programas, puede ser que vea al menos cinco veces la diferencia.

Cambiar por dólares, o mantener la Criptomoneda

Una de las preguntas más frecuentes que la gente hará es qué Criptomoneda deben comprar. Otro aspecto en común para los principiantes, es que no pasan la mayor parte del día buscando las opciones de expertos y personalidades en Criptomonedas, haciendo una amplia investigación, y analizando el mercado.

Incluso si hay algún "experto" aparentemente informado y confiable que le dice que necesita invertir en Criptomonedas A o B, un principiante no cuenta con la experiencia en negocios o las habilidades técnicas para evaluar si es o no una persona en la que usted puede confiar.

Una cosa es segura: los principiantes no tienen interés en meterse en una moneda que tiene una gran inestabilidad y un futuro desconocido. Esto quiere decir que sólo tiene sentido que se metan en monedas que hayan sido construidas con tecnología sólida, un equipo fuerte y un plan de negocios firme. Cuando usted ha minado o comprado Criptomonedas, hay pocas cosas que usted pueda hacer, por ejemplo, que pueda calcular hacia fuera, si usted deba guardarlo o cambiarlo por dólares:

- ¿Existe un equipo de gran reputación que respalde esta moneda?
- ¿Qué tan activos son en mejorar y mantener su moneda?
- ¿Se están comunicando constantemente con sus inversores?
- ¿Está basada la cadena de bloqueo de monedas?
- ¿Cuántas monedas están en circulación y cuál es el número total de monedas?
- ¿Cuánto valen?

- ¿Cuántas monedas fueron remodeladas y puede extraerlas?
- ¿Cuántos cambios tienen estas monedas?

Ahora que hemos pasado por algunos pasos importantes que usted debe tomar, veamos las monedas a las que yo sugiero aferrarse. Esto no debe ser usado como consejo de inversión; es sólo una opinión.

Steem

Esta Criptomoneda se utiliza en la plataforma de blogs de medios sociales Steemit. También tienen un dólar Steem, esto quiere decir que tienen dos Criptomonedas. El dólar Steem sólo valdrá un dólar, mientras que el valor de Steem dependerá del mercado.

Creo que la mayor parte de su valor proviene de Steemit. Las plataformas como Twitter y Facebook no están incentivadas. Es más probable que usted tenga pagarles para que usen el sitio, que de ganar dinero con él. Steemit le da la oportunidad de hacer Steem dólares y Steem mediante la publicación de contenido de calidad. Usted puede bloguear por dinero en Steemit, pero los votos que reciba en contra por su contenido es lo que determina la cantidad que gana.

También puede encender su Steem usando la potencia de Steem. El poder de Steem es lo que decidió el valor de su voto. Si tuvieras 1.000 Steem, tu voto ascendente valdría 20 centavos. Pero, si usted tiene 500.000 Steem de energía, el voto ascendente valdría $100. Básicamente, se le invita a gastar dinero en Steemit.

Si desea retirar dinero, tendrá que esperar tres meses para poder desconectarse. Esto evita que la gente pueda sacar dinero de Steemit, lo que mantiene el valor de Steemit.

Ark

Ark es conocido por su tecnología de puente inteligente. Esta tecnología permite a las personas vincular diferentes cadenas de bloques entre sí a través de su método de enlace. Piense en vincular la cadena de bloques Lisk y Etéreo.

Su equipo también es bastante eficiente. Algunos de ellos han ayudado a desarrollar Crypti y Lisk. También tienen otras increíbles características como un sistema de archivos interplanetarios, un sistema de tarjetas físicas, privacidad opcional y velocidad de transacción. Es una moneda que parece estar en ascenso.

Siacoin

Hoy en día se encuentra entre las 40 principales empresas de Criptomoneda, Siacoin tiene una cartera de poco más de 200 millones de dólares. 28 mil millones de Siacoins están en circulación, y rápidamente alcanzará su tope de más de 40 mil millones.

El valor de esta moneda surge por el hecho de que es una de las pocas monedas que tienen un producto. Posee un espacio de almacenamiento descentralizado que ofrece mayores garantías frente a los hackers en comparación con los demás servicios de la nube convencionales. Es probable que pueda competir con los almacenamientos de nube proporcionados por Google Drive, Microsoft Dropbox y Amazon S3, a un precio más bajo. El precio de su servicio se verá afectado por las fuerzas del mercado.

Pagar menos por el almacenamiento en nube es lo que Siacoin espera lograr. Se necesitan 2.000 Siacoins para poder utilizar este servicio. También tendrás la oportunidad de alquilar espacio a otros. Ya que las monedas y el almacenamiento son limitados, el valor definitivamente aumentará.

Tiene algo de competencia con Storj y Maid Safe Coin.

Monero

Monero tiene mejor anonimato que Bitcoin, razón por la cual su valor pudo subir de $50 a $125 en pocos días. La razón principal para mantener a Monero es el anonimato del usuario. Hay muchos métodos sofisticados e intrincados para crear esta privacidad. Se puede dividir en varios métodos diferentes.

Hace uso de una dirección sigilosa. Si usted comercia con otros tipos de monedas, probablemente verá una dirección de destino, y esto significa que otros son capaces de rastrearlo. Monero sólo muestra hashes criptográficos para la dirección de destino. El destinatario y el remitente son las dos únicas personas que pueden leer el hash.

Utilizan unidades de movimiento separadas. Digamos que usted envía 100 XMR; será entregado al destinatario en sumas separadas de 30, 20 y 50 XMR. Cada uno de ellos se recodifica por separado, lo que dificulta su seguimiento. También utilizan firmas en anillo para mezclar las transacciones y hacer posible el anonimato.

Etéreo
Ethereum es visto como la mejor alternativa a Bitcoin, y se puede ver en su precio. En septiembre de 2017 cotizaba a 380 dólares. El mayor éxito de Ethereum es la introducción de la red Ethereum. Hizo que la programación en cadena de bloques fuera mucho más fácil, y esta es la razón por la que hay tantas monedas populares que se basan en esta red. Golem y OmiseGo son dos grandes opciones.
Los contratos inteligentes son otra razón por la que Ethereum es tan popular. El contrato inteligente de Bitcoin consiste en enviar y recibir monedas. Los contratos inteligentes de Ethereum llevan las cosas a un nivel completamente nuevo. Le da a la gente el cambio para manejar los acuerdos y se asegura de que un pago se haga cuando se supone que debe hacerse.

OmiseGo
Esta moneda tiene su sede en Tailandia y ofrece características de pago similares a las de las franjas del sudeste asiático. La moneda se basa en la red de Ethereum y proporciona al usuario servicios de pago en tiempo real e intercambio de valor entre jurisdicciones. También permite al usuario intercambiar tanto como las Criptomonedas y las monedas fiduciarias.

Los titulares de OMG podrán ganar dinero mediante comisiones de transacción. Cuantas más transacciones haya, más dinero ganará el titular. Debido a esto, el precio de OMG subirá.

La mejor parte de OMG es su transacción financiera, que incluye comercio de empresa a empresa, pagos, programas de lealtad, remesas y más. También se hacen de manera económica.

Iota

A partir de ahora, Iota es la única moneda que no está basada en una cadena de bloques. Tiene una nueva capa de transferencia de datos y liquidación transaccional para la Internet de las cosas. La moneda se basa en un libro mayor distribuido conocido como Tangle, y su objetivo es superar los problemas de cadena de bloques.

Teóricamente, no tiene cargos de transacción, tasa de transacción ilimitada y no tiene mineros. Esto significa que no tiene un problema de escalabilidad. También le da a la gente la oportunidad de usar un pequeño nano pago. Tampoco puede dividir una moneda.

Entonces, ¿qué debe hacer?

Con las monedas digitales, nadie puede estar seguro. Siempre hay un riesgo cuando se involucra en las Criptomonedas, especialmente si decide invertir en ellas. Existe la posibilidad de que una moneda de 50 dólares termine valiendo 50 centavos al día siguiente. Las monedas listadas arriba tienen una buena oportunidad de continuar aumentando de valor, lo que significa que es una buena idea mantenerlas. En cuanto a venderlos por una moneda fiduciaria, eso depende de usted. Manténgase atento al mercado para ver cómo van las cosas en busca de la moneda, y luego decida si le convendría más mantenerla o venderla.

El futuro de las Criptomonedas

Las Criptomonedas pudieron dar el salto de un concepto académico a la realidad cuando Bitcoin fue lanzado en 2009.

Bitcoin siguió atrayendo más seguidores en los años siguientes, y en 2013 llamó la atención de los medios de comunicación y de los inversores cuando alcanzó un récord de 266 dólares por Bitcoin. Bitcoin ha llevado un valor de mercado de más de dos mil millones de dólares en su punto álgido, pero luego experimentó una caída del 50%, lo que provocó un acalorado debate sobre el futuro de las Criptomonedas. ¿Sustituirán estas monedas a las convencionales y serán tan universales como el euro y el dólar? ¿O son más bien una moda pasajera que se desvanecerá en unos años? Bitcoin parece tener la respuesta.

El estándar actual

La naturaleza descentralizada de Bitcoin hace que esté libre de interferencias o manipulaciones del gobierno. También significa que no hay una autoridad central que se asegure de que todo funcione sin problemas ni nada que respalde su valor. Las monedas digitales son creadas a través de la minería que requiere que las computadoras descubran algoritmos complejos. El ritmo actual de creación es de 25 Bitcoins cada diez minutos, y la cantidad está limitada a 21 millones, que se espera que se alcance en el año 2140.

Esto es lo que hace que Bitcoin sea tan diferente de las monedas fiduciarias habituales, que cuentan con el respaldo de su gobierno. Las monedas Fiat están centralizadas y supervisadas por un banco central de un país. Mientras que un banco tiene el control de la cantidad de dinero que se da de acuerdo con la política, no hay un límite superior para la cantidad que se puede emitir. Los depósitos suelen estar asegurados contra cualquier quiebra del banco por parte de un órgano de gobierno. Bitcoin no tiene ninguno de estos mecanismos de soporte. El valor de Bitcoin depende completamente de lo que los inversores pagarán por él en un momento dado. Si un cambio de Bitcoin se dobla, las personas que tienen saldos de Bitcoin no tienen forma de recuperarlos.

El anonimato de la transacción y los beneficios de la descentralización de Bitcoin también la han convertido en el pago favorito de muchas actividades ilegales, que incluyen la adquisición de armas, el contrabando, el tráfico de drogas y el blanqueo de dinero. Esto ha causado que atraiga la atención de agencias gubernamentales como la SEC, la Red de Aplicación de Crímenes Financieros, el Departamento de Seguridad Nacional y el FBI. La FinCEN emitió nuevas reglas en marzo de 2013 que definían a estos administradores y bolsas virtuales como negocios de servicios monetarios, lo que los llevó al ámbito de la regulación gubernamental. En mayo del mismo año, el DHS congeló una cuenta de MtGox que se encontraba en Wells Fargo, diciendo que se habían violado las leyes contra el lavado de dinero. Luego, en agosto, el Departamento de Servicios Financieros de Nueva York emitió citaciones a 22 compañías de pago emergentes. Muchas de estas empresas manejaban Bitcoin. Las citaciones buscaban averiguar las medidas que estaban tomando para prevenir el lavado de dinero, y cómo asegurarían la protección del consumidor.

Alternativas de Bitcoin

A pesar de los problemas que ha tenido, la creciente visibilidad y el éxito de Bitcoin ha hecho que varias empresas revelen monedas alternativas, como:

- Litecoin - actualmente, este Altcoin es visto como el mayor rival de Bitcoin. Fue creado para procesar transacciones pequeñas más rápido. A diferencia de la potencia que se necesita para Bitcoin, Litecoin se puede extraer con un ordenador normal. Litecoin tiene un máximo de 84 millones de monedas, cuatro veces más que el límite de Bitcoin.
- Ripple - OpenCoin lanza Ripple. El mecanismo de pago de Ripple permite la transferencia de fondos en cualquier divisa para su uso en cuestión de segundos, lo que supone una gran diferencia con la confirmación de Bitcoin en diez minutos.
- MintChip - A diferencia de la mayoría de las otras monedas, MintChip fue creado por una institución gubernamental. Esta moneda es una tarjeta inteligente que tiene un valor electrónico,

y puede ser transferida entre los chips. MintChip no requiere ninguna identificación personal, pero está respaldado por el dólar canadiense.

•

El Futuro

Las limitaciones actuales a las que se enfrentan las Criptomonedas, como que la fortuna digital de una persona sea borrada por un accidente, o que una bóveda virtual sea saqueada por un hacker, podrían ser superadas con el tiempo con nuevos avances. Lo que es más difícil de arreglar es la paradoja de las Criptomonedas: cuanto más crecen en popularidad, más regulación y escrutinio del gobierno atraerá, lo que eventualmente erosionará el propósito fundamental.

Mientras que puede haber un número creciente de comerciantes que aceptan estas Criptomonedas, todavía son una minoría. Para que su uso sea más amplio, tendrán que obtener una aceptación generalizada entre sus usuarios. Su complejidad, en comparación con otras monedas, probablemente disuadirá a la gente, excepto a aquellos que son técnicamente expertos.

Una Criptomoneda que busca formar parte del mundo financiero convencional tendrá que satisfacer una amplia gama de criterios. Tendrá que ser matemáticamente complejo para combatir a los hackers, pero lo suficientemente fácil para que el consumidor habitual lo entienda. Debería ser descentralizada, pero con suficientes salvaguardias para la protección de los consumidores. También necesita mantener el anonimato de los usuarios sin que se utilice para el lavado de dinero, la evasión de impuestos y otras actividades ilegales.

Puesto que todo esto es mucho para satisfacer, existe la posibilidad de que algunas de las Criptomonedas más populares por ahí, en unos pocos años, podría desarrollar atributos que se encuentran entre las Criptomonedas de hoy en día y las monedas reguladas fiat. Aunque esto parece una posibilidad remota, no cabe duda de que el éxito de Bitcoin en la gestión de estos retos puede determinar las perspectivas de Altcoins en los próximos años.

Conclusión

Gracias por llegar hasta el final de las Criptomonedas. Esperemos que haya sido informativo y capaz de proporcionarle todas las herramientas que necesita para lograr sus objetivos.

El siguiente paso es usar la información que ha aprendido para ayudarle a iniciar su plataforma minera. La minería de las Criptomonedas puede ser muy gratificante si usted hace las cosas de la manera correcta. Continúe investigando más y conviértase en un minero increíble.

Por último, si usted encontró este libro útil de alguna manera, ¡una reseña sobre Amazon es siempre apreciada!

¿Sabías que un gran porcentaje de las personas que ganan mucho dinero lo pierden en los primeros dos años?

No se necesita mucho para que una persona pierda todo su dinero. Alrededor de 2 de cada 3 ganadores de lotería pierden todas sus ganancias en un plazo de 5 años. Si alguien pudiera perder cientos de millones de dólares en un par de años, ¿qué tan rápido perdería los millones que podría ganar con este libro?

Durante los últimos dos años me he topado con el secreto clave detrás de la gestión del dinero y de su MANTENIMIENTO. Si usted sigue el siguiente enlace, descubrirá la verdad detrás de la gestión y el mantenimiento del dinero que usted gana
Haga clic aquí para aprender el secreto detrás de la administración del dinero

Descripción
Este libro está aquí para guiarle a través de toda la información que necesita para entender el proceso de la minería de las Criptomonedas. Aprenderá muchos de los conceptos básicos

para poner en marcha su plataforma minera para ayudarle a sacar el máximo provecho de sus aventuras mineras.

En este libro aprenderás:

- Qué son las Criptomonedas
- El hardware de minería que necesitará
- El futuro de las Criptomonedas
- Construyendo tu equipo
- Y mucho más

Este libro también se asegurará de que usted entienda la terminología para que no se quede atrás. Este es un gran libro para principiantes para cualquiera que busque entrar en la minería. Esto también es perfecto para cualquiera que esté buscando aprender más sobre Criptomonedas en general. Consigue este libro hoy y empieza a minar.

Parte 2

Introducción: Mordido por el Bicho dela Cadena de Bloques

Entonces, ¿cuál es exactamente el asuntode algunos bloques encadenados en un libro público a todo esto? ¿Y a quién le importa en primer lugar? Bueno, normalmente no me gusta hacer suposiciones sobre la gente, pero el hecho de que estés leyendo esto ahora me revela un hecho ineludible; tú te encuentras entre los muchos individuos que desearían saber más acerca de la cadena de bloques.

Entonces, habiendo dejado en claro eso, ¿qué es una cadena de bloques? Básicamente, en su núcleo, la tecnología de la cadena de bloques es un medio para crear una cadena ininterrumpida de datos en bloques que están todos unidos entre sí y mantenidos en su lugar por medio de ecuaciones criptográficas. Cada uno de los fragmentos de datos que se mantienen de esta manera en la cadena de bloques se aferra a algo llamado "puntero de hash".

Este puntero hash se enlaza con el último bloque de datos realizado y una "marca de tiempo" que lleva los tiempos de toda la información transaccional que se ha llevado a cabo. Estas cadenas de bloques se consideran "libros abiertos distribuidos abiertos" y pueden tomar nota de todos y cada uno de los intercambios realizados entre dos entidades que depositan datos en la cadena de bloques.

Estos fragmentos de datos depositados se transfieren generalmente a través de una red de igual a igual que funciona en conjunto con un protocolo para la validación de bloques adicionales de datos. Tan pronto como estos datos se establecen dentro de la cadena como una transacción, no pueden modificarse, lo que asegura el intercambio. Este nivel de seguridad ha llevado a las plataformas de la cadena de bloques a ser utilizadas en una amplia variedad de sistemas y casos de uso, tales como la administración legal, médica y comercial.

La cadena de datos se asoció primero con la moneda de cifrado digital conocida como Bitcoin. Esta moneda y la cadena de bloques asociada a ella, fue la obra de un enigmático personaje conocido como Satoshi Nakamoto. Quienquiera que fuese esta entidad, podría ser responsable de una de las mayores revoluciones tecnológicas y sociológicas conocidas por la humanidad.

La criptografía de la cadena de bloques fue creada especialmente para Bitcoin con el fin de resolver el problema del "doble gasto", utilizando los bloques infalibles de la cadena para evitar que los usuarios gasten al mismo tiempo. Esta fue una solución brillante para la moneda digital en línea, pero resulta que esta única innovación para Bitcoin tiene ramificaciones en todos los aspectos de nuestra sociedad moderna. ¡Ramificaciones que aún son rentables, ya que todo el mundo parece haber sido mordido por el bicho de la cadena de bloques!

Capítulo 1 Comprendiendo los Aspectos Esenciales de la Cadena de Bloques

En esencia, la cadena de bloques es simplemente un libro público que permite la distribución uniforme en una red de igual a igual. Habiendo dicho eso, antes de ahondar mucho más en el libro, quería tomarme el tiempo para explorar cómo funciona esa red. En las siguientes secciones de este capítulo analizaremos más detenidamente algunos de los aspectos más esenciales de la cadena de bloques, tanto como sistema y como producto. Porque todo es parte de la comprensión de los elementos esenciales de la cadena de bloques.

El Comienzo dela Cadena

Poder rastrear hasta el inicio de la cadena de bloques es de gran importancia cuando se trata de comprender los elementos esenciales de la arquitectura de la cadena de bloques. En primer lugar, la razón detrás de la creación de la cadena de bloques se debió en primer lugar a que servía para proporcionar un medio barato y confiable para asegurar las transacciones financieras realizadas.

Por lo tanto, la eficiencia del sistema de cadena de bloques tiene sus raíces en los sistemas estándar anteriores y todos los defectos y miopía de los sistemas actuales en uso. La inflación, por ejemplo, es un gran defecto del dinero en papel del antiguo sistema bancario financiero. Obviamente, si se puede imprimir algo de manera infinita a medida que se acumula esa mercancía, inevitablemente se inflará y perderá su valor; sin embargo, todos los gobiernos de todo el mundo son culpables de esta misma práctica.

Y este es dolorosamente el caso en este momento con los billetes de papel en gran parte del mundo. Durante miles de años, estas cosas han sido el modo a través del cual hemos atribuido valor a las mercancías, pero ese viejo sistema se tambalea y está a punto del colapso. Y a medida que avanzamos a través de los años, encontramos cosas tales como el viejo estándar del papel moneda, que en realidad no es muy eficiente, lo que significa que usualmente es relegado a intercambios comerciales menores cerca de nuestro hogar.

Con las tasas de inflación fluctuantes, el papel moneda puede no ser adecuado para los viajes a largo plazo y las reubicaciones. Debido a las configuraciones regionales que solo manejan efectivo, las discrepancias en las transacciones, el fraude y la mala administración, estos modos de transacción se están volviendo obsoletos rápidamente. Esto solo se ve agravado por el rápido aumento de los volúmenes transaccionales debido al aumento de los consumidores que compran en línea.

Hoy en día podemos comprar casi cualquier cosa con solo unos pocos clics de ratón e incluso más recientemente; con un toque en nuestro teléfono. Y ahora que prácticamente todo el mundo posee una supercomputadora en forma de teléfono inteligente en el bolsillo, el siguiente paso en esta evolución es la llegada del

"IOT" (Internet de las cosas) y la necesidad de transacciones rápidas que puedan verificarse de forma segura. en rápida sucesión.

Esto está sentando las bases para una cadena de bloques eficiente e inquebrantable. Porque, como veremos más adelante en este libro, la arquitectura de la cadena de bloques permitirá que todos los elementos en Internet se comuniquen entre sí sin interrupción. Cuando tu cafetera necesite solicitar algo del calentador de agua de su casa, por ejemplo, lo hará a través de los bloques irrompibles de la cadena de bloques.

Para muchos de nosotros en este mundo de incertidumbre, parece que hay muy pocas cosas en las que podemos confiar, pero, como afirman los defensores de la cadena de bloques, su criptografía se basa en la confianza misma. Si demuestran estar en lo correcto en cuanto a sus afirmaciones, podría ser el comienzo (como podría decir Humphrey Bogart) de una hermosa relación en la cadena de bloques.

La Primera Aplicación de la Tecnología; El Bitcoin

El Bitcoin en muchos casos ha sido muy mal entendido. Durante mucho tiempo se creyó que era algún sistema de trueque del inframundo desarrollado en algún lugar de la Ruta de la Seda por ciberdelincuentes nefastos. Pero el Bitcoin no es nada por el estilo. Bitcoin es el producto de un documento técnico introducido en 2008 con la premisa de crear un sistema descentralizado de transacción monetaria punto a punto.

Esta criptomoneda nunca fue diseñada para convertirse en un habilitador de ciberdelincuentes; ese fue solo un efecto secundario del tipo de individuos que estaban dispuestos a ser los primeros en adoptar la tecnología. Y, además, el Bitcoin fue simplemente el vehículo, los desarrolladores lo habían elegido, pero lo más importante, la tecnología de cadena de bloques era el *sistema* que se empleó para llevarnos allí. Nadie puede imprimir una moneda digital basada en una cadena de bloque como el Bitcoin y causar deflación.

Incluso si el Bitcoin tuviera una moneda fuerte como respaldo (cosa que actualmente no tiene), el control descentralizado en el sistema de cadena de bloque entre pares simplemente no permite que ocurran tales cosas. No hay intermediarios que tomen las decisiones en el sistema de cadena de bloques, no hay nadie que tenga el monopolio de ninguna sección de la plataforma. Un producto de lacadena de bloques como Bitcoin no se imprime; se mina.

Como puedes ver, el Bitcoin puede haber allanado el camino como la primera aplicación de la tecnología, pero el punto de inflexión en sí mismo es el sistema de cadena de bloques que lo hizo posible en primer lugar. Como resultado, la plataforma a través de la cual se transportaron los primeros bitcoins es sólida como una roca. El Bitcoin nos dio la claverespecto a cómo se puede implementar la cadena de bloques.

Ahora que la cadena de bloques ha salido a la luz gracias al éxito de Bitcoin, podemos utilizar la tecnología de la cadena de bloques en muchas otras áreas de nuestras vidas. En casi cualquier aplicación que requiera transacciones confiables, la cadena de bloques continúa demostrando su utilidad. Hay muchas aplicaciones prometedoras por delante, sin embargo, la gama debe ser sometida a diversas pruebas.

Solo podemos esperar que después de que la primera aplicación de Bitcoin haya completado su curso, las futuras aplicaciones de la tecnología de la cadena de bloques también sean efectivas. Hasta el momento, los resultados son buenos, pero aún estamos esperando alguna devolución pendiente, un uso generalizado y una inversión pendiente. ¡Así que mantén los ojos bien abiertos y cruza los dedos, porque por ahora solo nos queda esperar!

La Revolución de la Cadena de Bloques

La metodología típica para crear intercambios a través de la cadena de bloques se basa en una red de libros públicos. La razón por la cual la alternativa del portador estándar es tan costosa es porque se basa en un intermediario para hacer negocios. Si ese intermediario es un banco o un vendedor de autos, el asunto simplemente se reduce a alguien que se interpone entre ti, tu dinero y lo que quieres hacer con tu dinero.

La cadena de bloques elimina por completo a este intermediario, eliminando los costos de transacción, aplazando los retrasos de verificación y eliminando la posibilidad de un simple error humano. La revolución generada por la naturaleza de la cadena de bloques y el hecho de que es compartida universalmente por todas las partes que participan en el sistema, en esencia, crean un verdadero "ecosistema" donde todos en el sistema trabajan para apoyarse mutuamente.

La red de la cadena de bloques funciona mediante la creación de un consenso, utilizando procedencia e inmutabilidad. Y con la naturaleza única de la política de no devolución que la cadena de bloques promueve, el doble gastoes cosa del pasado, y también gracias a que cada transacción funciona uniéndose a la siguiente de una manera transparente y fácilmente comprensible.

La idea es encapsular la cadena de bloques dentro de una plataforma fácil de leer, pero segura. Piensa en ello como cálculos matemáticos encerrados en cubos de cristal gigantes que pueden ser vistos por cualquiera que así lo desee. De esta manera, es fácil percibir que la cadena de bloques es una revolución en ciernes. ¡Únete al movimiento y no te quedes atrás!

La Fiabilidad de la Cadena de Bloques

La estructura de la cadena de bloques funciona infundiendo confianza en todos los que la utilizan. Es por esta razón que una criptomoneda como el Bitcoin, que usa la red,tiene el lema "En la cadena de bloques confiamos". Esto no pretende ser irreligioso o suplantar la inscripción tradicional en el efectivo de "In Godwe Trust" (En Dios Confiamos), sino que solo indica el papel tan importante que desempeña la cadena de bloques en esta revolución.

La cadena de bloques funciona para infundir confianza entre los usuarios a través de una amplia plataforma. Puesto que cada transacción está vinculada en una cadena con la última que se realizó, esta responsabilidad incorporada e interconectada ayuda a proteger contra el fraude y la corrupción. En esencia, todo el ecosistema de la cadena de bloques funciona haciendo que sus miembros se vigilende manera mutua y proactiva.

Esto agiliza en gran medida el camino para los aparatos de regulación al permitir un examen rápido y fácil de los datos dentro de la cadena de bloques para cualquiera que lo desee. Es crucial asegurarse de que todo esté en conformidad, por eso el consenso alcanzado a través de la prueba matemática de trabajo es tan importante en lo que respecta a la cadena de bloques.

La confianza de la red de la cadena de bloque es impersonal; en realidad equivale al mismo tipo de confianza que tieneshacia tus amigos y familiares. La red sabe lo que es legítimo y lo que no, a nivel personal. No tienes que mirar mucho más allá de tus propias relaciones personales en la cadena para descubrir quién es quién en el bloque de la cadena de bloque.

Con la cadena de bloques no hay forma de esconderse; tú sabes exactamente dónde está cada usuario en la red y qué tipo de transacción están realizando. No hay forma de que alguien pueda crear una transacción fraudulenta, y no hay manera de que alguien pueda suplantar a alguien más en la red. Todo está abierto, y está fácilmente disponible para que cada miembro lo resuelva por sí solo; a su propio ritmo.

Hay una vieja expresión que dice: "El respeto se da, pero la confianza se gana". Pero la cadena de bloque para muchos usuarios finales y desarrolladores al parecerha ganado mucho respeto y confianza al mismo tiempo. La cadena de bloques en sí misma se basa en la confianza, y esperamos que siga así durante mucho tiempo; porque la confianza de la cadena de bloques es verdaderamente una fuerza a tener en cuenta.

Capítulo 2: La Cadena de Bloques en Acción

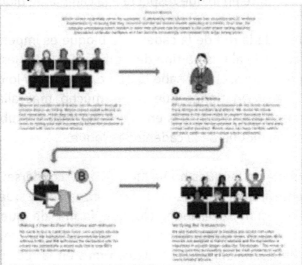

Ahora que comprendemos mejor el concepto de la Cadena de Bloques, ¡pongamos ese concepto en acción! Este capítulo te brindará algunos escenarios del mundo real en los que se aplica la cadena de bloques, desde el Bitcoin y más allá, ¡aquí te presentamos algunos de los mejores ejemplos de la cadena de bloques en funcionamiento!

Comenzando un Bloque de Datos con la Cadena de Bloques

Como ya hemos discutido, la idea de una "cadena de bloques" consiste en una cadena de datos ininterrumpida que almacena información transaccional en cada bloque. Estos bloques se incorporan en la red para que todos los vean. Cada uno de estos bloques tiene un hash aplicado a ellos. Tl vez te preguntarás; ¿Qué es un hash? ¿Es similar a una etiqueta de hash como la que encuentras en Twitter? ¿Un hash brown como el del desayuno en McDonalds? ¿Qué es un hash?

Bueno, en lenguaje estricto de la cadena de bloques, un hash es algo que funciona como una especie de huella dactilar con "identificadores únicos" los cuales contienen una "hora registrada" y se colocan directamente sobre la porción de datos de la cadena. Puesto que nadie sería capaz de cambiar, alterar o duplicar este hash único con marca de tiempo, se dice que es "a prueba de manipulaciones". Buenas noticias para cualquiera que desee confiar en la red y poner en marcha su propio bloque de datos con la cadena de bloques.

Cuando comienzas un bloque de datos en la cadena de bloques, esencialmente estás comenzando tu propio pequeño testamento en el mundo transaccional. Estásencerrando permanentemente todos tus activos financieros en una pequeña porción de información en un libro público para que todos lo vean. Una vez que esto se lleve a cabo, percibirás que has logrado algo muy grande. Lo suficientemente grande como para que dure toda la vida, ya que tus datos permanecerán perfectamente encapsulados en la cadena de bloques.

Compartiendo el Libro Mayor

Como lo decía hay que compartir, en lo que se refiere al libro mayor compartido en la cadena de bloques no hay nada mejor. Este libro público tiene un historial impecable en cuanto a proporcionar transacciones sólidas en todo el ecosistema de la cadena de bloques. En este libro mayor compartido, tus transacciones pueden contener toda la información relacionada con el comercio a través de la red.

Se pueden compartir datos entre usuarios y también se pueden proporcionar permisos únicos entre estos. Una de las mayores innovaciones de la cadena de bloques es el hecho de que puede compartir información a grandes distancias con personas que no tienen nada que ver entre sí y, sin embargo, no permite que nadie pueda ingresar datos suficientes para localizar la fuente de los bits que reciben.

En este sentido, puedes pensar en el libro mayor público como un tipo de línea de ensamblaje en la que todos los participantes obtienen una pequeña parte de los datos, o una pequeña parte del ensamblaje más grande, pero ninguno de ellos tiene información suficiente para reunirlos todos por su cuenta. De esta manera, puedes compartir el libro público con total confianza de que nadie podrá robar tu información personal de la base de datos.

Como Utiliza el Consenso la Cadena de Bloques

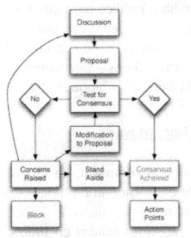

Cualquier persona que haya estado en el mundo de los negocios, o que haya trabajado en un equipo por mucho tiempo, debe saber algo sobre el consenso. Debes tener consenso con los clientes, así como con los compañeros de trabajo en cualquier proyecto dado para tener éxito. Entonces, ¿por qué no construir un consenso sobre algo tan importante como tu dinero también? La cadena de bloques te proporciona ese consenso.

Esta herramienta te brinda un comprobante de compra, varias firmas para verificación y, lo que es más importante, un medio válido para superar el enigma clásico de las "Tolerancias de falla bizantinas" mediante el uso de diferentes nodos en la red para comunicar diferentes cosas. La cadena de bloques también genera el consenso de "contratos inteligentes". Todos estos elementos combinados ayudan a construir consenso.

Y la cadena de bloques tiene una habilidad notable cuando se trata de hacer precisamente eso. La cadena de bloques es capaz de reunir a personas de toda la red para determinar la validez de una compra o transacción. El alcance y las implicaciones de este consenso son increíbles. La manera en que la cadena de bloques utiliza este consenso es la característica destacada número uno de dicha tecnología y aún se desconoce su alcance final.

La Cadena de Bloques en los Negocios

La fortaleza del comercio internacional ha sido un factor de gran importancia en la acumulación de riquezas. Y en los últimos años, este comercio ha trabajado muy duro para superar cualquier fricción que pudierapresentarse durante una transacción. Los avances en tecnología de la comunicación, por ejemplo, han contribuido de manera importante en la reducción del detrimento derivado de realizar negocios desde dos puntos que están geográficamente separados, uniendo a los usuarios como nunca antes.

Pero a pesar de algunos de estos avances más externos, como los teléfonos e Internet, que han servido en gran medida para reducir en gran medida el desafío presentado por las millas de separación, muchos otros problemas continúan. La cadena de bloques busca aminorar las disparidades restantes. De esta manera, la cadena de bloques busca deshacerse de la fricción del mercado existente en muchas otras plataformas y, de ese modo, abrir las compuertas de la oportunidad.

Se ha dicho antes que hacer negocios no se trata solo de hacer dinero, sino también de *hacer personas*. Y cuando decimos que se trata de crear personas, queremos decir que se trata de recuperar los datos que representan ciertas personas. Esta es la cadena segura de datos, e información personal; Eso hace que el negocio de la cadena de bloques valga la pena.

Eliminando la Fricción en tu Negocio

Se necesita un verdadero innovador para eliminar la fricción inherente a gran parte del mundo empresarial actual. El advenimiento de los primeros teléfonos es un ejemplo perfecto de esto, ya que redujo el ritmo del envío de correspondencia por correo al permitir que las personas hablaran con sus socios comerciales a grandes distancias.

El Internet, por supuesto, puso todo esto en marcha también, y ahora, con la moneda digital y la implementación de la tecnología de la cadena de bloques, hemos visto un salto gigantesco una vez más. La tecnología abierta, pública de contabilidad o de cadena de bloques es otra forma de eliminar la fricción de tu negocio. Las cosas no podrían ser más fáciles con la cadena de bloques manejandotus transacciones.

La cadena de bloques también ayuda a simplificar los permisos, permitiendo a aquellos que la utilizan realizar intercambios con facilidad, con el pleno conocimiento de que la persona que se encuentra en el otro extremo de la transacción realmente es la persona que dice ser. Este es sin duda un gran activo para las transacciones de larga distancia, a menudo anónimas que tenemos en el mundo de hoy.

La absoluta seguridad inherente a la cadena de bloques en sí tampoco puede ser subestimada. Esta criptografía permite garantizar que nadie pueda manipular tu parte de datos en la cadena de bloques. La cadena de bloques también elimina gran parte de la fricción con respecto al consenso de tus transacciones,creando un sistema realmente a prueba de manipulaciones.

La cadena de bloques también sirve para reducir la fricción en muchos negocios, simplemente por su naturaleza confiable y simplificada. Esta simplificación de transacciones funciona en gran contraste con aquellas que tienen complejas regulaciones y procedimientos operativos. ¡En lugar de reducir los beneficios de la excesiva regulación, la sencillez de la cadena de bloques sirve para duplicarlos!

Si deseas eliminar gran parte de la regulación de la cadena de bloques, entonces es simplemente una cuestión de centrarse en la naturaleza de la trampa de bloqueo de la tecnología. Debido a que la cadena de bloques puede encerrar la mayor parte de la información que ingresa, ya no tendrás que preocuparte por las fugas ni por ningún otro compromiso de tu información. Esto servirá para eliminar gran parte de la fricción en tu negocio.

Haciendo un Recorrido por el Ecosistema de la Cadena de Bloques

A través de la actualización de nuestra conciencia, la plataforma conocida como cadena de bloques se posiciona a sí misma como un agente transformador de cambio para todo el ecosistema de la cadena de bloques. Parte de este tipo de agencia transformadora se puede utilizar para racionalizar industrias enteras, eliminando procedimientosanacrónicos y mejorándolos en el presente.

La cadena de bloques puede desempeñar un papel vital en la transferencia de información, desde la estación de pesaje a otra estación de pesaje en toda la línea de producción sin tener que preocuparnos por la corrupción o la manipulación fraudulenta. Esta seguridad adicional impulsa todo el ecosistema de la cadena de bloques. Y si realizas un recorrido por todo el ecosistema de la cadena de bloques, sin duda verás que esta característica de seguridad es un trabajo sobre la marcha, en progreso y que aprende de sus errores.

La seguridad de la cadena de bloques no es 100% perfecta, ¡pero siempre se esfuerza por serlo! Es un proceso de prueba y error, y con cada bache en el camino se pone un poco mejor. Tan solo lleva a cabo un recorrido por el ecosistema de la cadena de bloques en algún momento, ¡y te darás cuenta de todas estas cosas por ti mismo!

Financiamiento Comercial

Las corporaciones comerciales desean comprar productos a través de la acreditación, y esa línea de crédito debe tener una presentación exhaustiva para evitar que surjan problemas con los datos transaccionales más adelante. Con más de 4000 aplicaciones en la cadena de bloques, el gigante IBM ofrece actualmente un buen ejemplo de esta financiación comercial en acción.

De hecho, el financiamiento global de IBM utiliza actualmente a 125,000 de sus clientes en más de 60 países de todo el planeta para mediar cualquier disputa que surja. Se ha proyectado que esto ahorrará a IBM hasta un 75% en lo referente a costos y servicios financieros. Por lo tanto, si tienes algún tipo de disputa con un cliente, no contrates a un oneroso abogado de Silicon Valley, ¡contrata la cadena de bloques para que haga el trabajo por ti!

Capítulo 3: Minería de Datos y la Cadena de Bloques

Como expresa la frase, "minería de datos" es la práctica de buscar entre numerosos datos para "extraer" o mostrar el núcleo particular de información que se está buscando. Hace aproximadamente 40 años, la minería de datos se convirtió en una práctica común en el comercio. La cadena de bloques ahora busca hacer uso de este fenómeno también. En este capítulo exploraremos todas las formas en que la extracción de datos se relaciona con la cadena de bloques.

Minando la Cadena de Bloques

Cuando decimos "minería" en lo referente a la cadena de bloques, estamos hablando de un proceso masivo de "revisión informática" que tiene lugar actualmente, seguido de un consenso en el ecosistema de la cadena de bloques que ocurre en rápida sucesión. En el proceso de extracción de la cadena de bloques, se lleva a cabo una mirada cuidadosa hacia arriba y hacia abajo en la larga línea de transacciones, verificando la prueba de compra y asegurándose de que todo sea legítimo.

Esto permite a todos los involucrados saber exactamente cuánto valor calculado se está moviendo a través del ecosistema en cada uno de los intercambios que se realizan. Cada parte de la información en la cadena de bloques debe estar sincronizada con la última y debe poder procesarse de manera ordenada. Cada parte de la información que se agrega a la cadena hace que otros entusiastas de la minería hagan su propia copia de la transacción asegurándose de que todo el ecosistema de la cadena de bloques se mantenga actualizado a medida que avanza.

La cadena de bloques sirve para resolver el viejo problema de cómo manejar el doble gasto. Debido a que, con la cadena de bloques, las transacciones no se pueden completar hasta que los recursos computacionales se agotan para resolver un bloque de datos. Estos bloques de datos se marcan en el tiempo tan pronto como se resuelven, lo que evita que otra persona intente resolver el mismo bloque, ya que el tiempo estampado revela cuándo se realizó la transacción.

Por tanto, esto ayuda a resolver finalmente el rompecabezas computacional del doble gasto o, como también se le conoce, "El problema del general bizantino" de una vez por todas. Todo esto es gracias a la posibilidad de minar la cadena de bloques. Los mineros de la cadena de bloques están encontrando nuevas recompensas cada día con su implantación de la minería de la cadena. Ha sido una experiencia verdaderamente gratificante y muchos de nosotros podríamos beneficiarnos directamente de ella. ¡Y quizás tú también puedas hacerlo!

Una Mirada al Hardware de Minería

Inicialmente, la minería se llevaba a cabo con mayor frecuencia con la unidad central de procesamiento estándar que viene con cada computadora personal. Estos CPU se encargan de manejar y procesar la mayoría de las aplicaciones en tu computadora. Si estás leyendo estas palabras en la pantalla de una computadora en este momento, es la Unidad Central de Procesamiento de tu computadora la que se asegura de que el archivo siga funcionando en tu dispositivo mientras llevas a cabo un seguimiento de otros aspectos vitales de la ejecución de tu máquina.

El CPU estándar generalmente puede manejar estas tareas rutinarias sin problemas, y cuando la cadena de bloques se puso de moda por primera vez, estaba lista para asumir esta nueva tarea también. Pero a medida que creció la cantidad de mineros en la red, la CPU estándar se hizo cada vez más difícil de mantener. Y pronto quedó claro que el hardware utilizado para la minería necesitaba una actualización a fondo.

Entonces es cuando los entusiastas de la minería centraron su atención en las unidades de procesamiento gráfico como una posible actualización en el hardware de minería. Una unidad de procesamiento gráfico o, como se abrevia, "GPU" es una unidad de procesamiento orientada específicamente hacia la interpretación de gráficos. Si alguna vez has jugado a un videojuego, hay una GPU trabajando duro para asegurarte de que cada bit de datos pixelados se procesa a medida que juegas con el contenido de tu pequeño corazón.

Por su propia naturaleza, las GPU están simplemente mucho más calificadas para la tarea de minar la cadena de bloques que las CPU. Ayudando a las GPU en esto están sus "unidades lógicas aritméticas" las cuales son capaces de leer grandes cantidades de información en varias secuencias. Sin embargo, aunque las GPU eran bastante buenas para la tarea de minería, pronto fueron superadas por el uso de "Arreglos de puertas programables de campo (Field Programmable Gate Arrays)".

Estas matrices de puertas programables en campo son sistemas basados en circuitos que están integrados y hechos a la medida para trabajar con la potencia de proceso necesaria para la mayoría de las aplicaciones de la cadena de bloques. Estas matrices de puertas programables de campo vienen equipadas con sus propios "bloques lógicos" que pueden manipularse a voluntad para resolver cualquier ecuación computacional que deba procesarse.

La siguiente pieza de hardware para los mineros de la cadena de bloques fue la del "ASIC" o, como también se le conoce, los "Circuitos integrados específicos de la aplicación (ApplicationSpecificIntegratedCircuits)".El uso de esta pieza de hardware de minería realmente se puso de moda en la comunidad de la cadena de bloques en el año 2013. Esto fue cuando el tipo de ASIC que se necesitaba específicamente para la cadena de bloques se distribuyó por primera vez para un mayor rango de consumo a un precio que el promedio de cadenas de bloques podría permitirse.

Es con estas piezas de hardware de minería que la minería en cadena de bloques realmente despegó. Ahora no es raro encontrar compañías y corporaciones enteras que hacen uso de cantidades masivas de hardware y recursos para sus propios fines de minería. La minería de la cadena de bloques es un gran negocio, pero para tener éxito debes tener el tipo correcto de hardware en tu plataforma de minería.

Una Mirada al Software de Minería

La mayoría del software de minería está listo para su uso en computadoras Mac y Windows. Este software es generalmente gratuito para el consumo público y se puede descargar directamente a tu computadora. Tan pronto como se instala el software de minería, puedes echar un vistazo a las especificaciones de rendimiento exclusivas de tu computadora personal y la configuración de la plataforma de minería, incluida la velocidad de hash, así como conocer el estado del _nonce_ que se utiliza.

El software puede iniciarse desde una unidad USB, CD o descargarse directamente desde un sitio web seguro. Una vez instalado, debes supervisar el progreso directamente para asegurarte de que a medida que el sistema avanza, tu tasa de hash está mejorando. Con tu software instalado, puedes comenzar a configurar tu "minero" para que funcione. Es posible que no veas los resultados inmediatamente, pero dale suficiente tiempo y aprenderás cómo explotar tu propio rincón de la cadena de bloques.

Las Dificultades que Implica el Minado

Una de las mayores dificultades derivadas de la minería de la cadena de bloques es la cantidad de electricidad que se consume en el proceso. Con una plataforma de minería altamente equipada, podrías acumular fácilmente una factura de alrededor de $50 por día, así que prepárate para esta contingencia. Es por esta razón que muchos mineros han compartido sus recursos para mitigar los gastos acumulados.

Conocidos como "redes de minería", estos trabajadores de la cadena de bloques comparten todas las cargas potenciales y las ganancias por igual. Hay muchas dificultades inherentes que se presentan en el proceso de minería de datos en la cadena de bloques, pero cuando compartes tus recursos puedes reducir significativamente la carga sobre ti. Así que en lo que respecta a la minería en la cadena de bloques, cuando las cosas se pongan difíciles, ¡reduce la tensión de la de la cadena y sumérgete en una red de minería!

Capítulo 4: La Cadena de Bloques y el Bitcoin

Los inicios de la cadena de bloques se vinculan integralmente con la introducción de la moneda digital conocida como "Bitcoin". Ambos se introdujeron por primera vez en el informe de 2008 escrito por el misterioso personaje conocido simplemente como "Satoshi Nakamoto". Nakamoto creó la cadena de bloques como un medio para facilitar el advenimiento de la primera moneda completamente descentralizada del mundo.

La premisa del diseño se basa en bloques de datos que se crean a través de la programación de código abierto cada vez que se realiza una transacción. En este capítulo, echaremos un vistazo más de cerca al Bitcoin y las raíces de la cadena de bloques que vino junto con el paquete de Bitcoin. Realmente no puedes tener uno sin el otro, así que avancemos y exploremos ambos.

El Bloque Génesis

El bloque Genesis fue el primer bloque de datos utilizado para el Bitcoin y, como suele suceder, también fue la primera instancia del período de la cadena de bloques. Como tal, el bloque de génesis de la cadena de bloques fue creado por el mismo (¿o la misma?) Satoshi Nakamoto. El 3 de enero de 2009. Pareciendo consciente de la naturaleza monumental del evento, Satoshi incluso dejó unatarjeta de llamada en el código abierto de este primer bloque que permanecerá inalterable para siempre.

Pareciendo apuntar directamente al tumulto económico de los tiempos, el mensaje tenía el siguiente encabezado: "The Times 03/ene/ 2009 Canciller al borde del segundo rescate de los bancos". Esta era en realidad una cita textual que Nakamoto seleccionó de un periódico británico llamado "The Times" que publicó una historia referente a la crisis bancaria de ese año. El hecho de que Satoshi haya puesto un encabezado tan único y sensible al tiempo en el bloque de la génesis de la cadena de bloques ayuda a reforzar la creencia de que el bloque de la génesis se fija en el tiempo y el espacio.

Con un encabezado tan singular, podemos estar seguros de que el bloque de génesis se encuentra exactamente donde Satoshi dice que está; para siempre desde el 3 de enero de 2009. Por supuesto, también hay mucha especulación con respecto a su elección de esta marca de tiempo en particular. Muchos han especulado durante mucho tiempo que quien esté detrás de Bitcoin es de naturaleza altruista y que busca encontrar una manera de liberarnos a todos de la servidumbre del sistema bancario. Si este es el caso, dejar un encabezado revelador en el bloque de génesis de la cadena de bloques tiene sentido.

La Primera Participación en la Cadena de Bloques

Puesto que el código de la cadena de bloques para Bitcoin está disponible para ser programado por cualquier persona, los desarrolladores y los aficionados pronto empezaron a descubrir las primeras grietas en la tecnología. Pronto se convirtió en una especie de club de partes interesadas en el que todos tenían un gran interés en asegurarse de que la plataforma tuviera éxito. Fue a partir de este grupo de individuos que trabajaron para mejorar el conjunto que el ecosistema de Bitcoin se estableció por primera vez a través de la participación temprana de la cadena de bloques.

De especial interés fueron aquellos que se llamaban a sí mismos "criptógrafos" o aquellos que estaban interesados en el estudio de los medios criptográficos para crear canales de comunicación seguros. Nakamoto guio a este grupo desde el principio y se mantuvo al tanto de todos sus acontecimientos a medida que avanzaban las cosas. Pero, aunque sirvió como una especie de "Moisés criptográfico" que guiaba a su rebaño, Satoshi aún permanecía firmemente en el anonimato, nunca fue más allá de llevar gentilmente a sus ovejas a pastar.

El verdadero trabajo de la etapa en la cual se aseguró que la cadena de bloques tuviese éxito fue realizado por programadores como HalFinney y Gavin Andresen. Esta temprana participación en la cadena de bloques fue la más crucial y ha creado la red de cadenas de bloques que tenemos hoy. No importa lo que realmente se derive de la tecnología de la cadena de bloques, puedes agradecer a estos primeros innovadores por su trabajo para desarrollarla.

La Desaparición de Satoshi Nakamoto

Justo cuando Bitcoin y por extensión, la tecnología de cadena de bloques que creó, estaba a punto de irrumpir en escena, la persona que supuestamente originó todo este material revolucionario hizo una vaga declaración pública: "Me he mudado a otras cosas" y entonces ¡simplemente desapareció! La naturaleza abrupta de esta desaparición ha alimentado un sinfín de teorías y especulaciones de conspiración.

Solo piénsalo por un segundo, tenemos una situación en la que Satoshi Nakamoto, el creador de lo que podría convertirse en una de las mayores innovaciones del siglo XXI (similar a la creación de Internet en sí), y en la cúspide de su avance, el inventor simplemente desaparece. Este humilde genio no parece querer disfrutar en lo más mínimo de su creación.

Y a pesar de que podría haberse hecho rico con su propia creación del Bitcoin en la cadena de bloques, las ganancias al parecer tampoco eran un motivo. Para poner las cosas en perspectiva, y comprender cuán extrañas son las circunstancias de la creación de la cadena de bloques y la partida de su inventor. Imagínate si el creador del iPhone eligiera permanecer en el anonimato (¿Steve Jobs Nakamoto?), Y luego, la noche antes de que se revelara el primer iPhone, optase por desaparecer sin dejar rastro alguno.

El creador en la cúspide del descubrimiento de su gran invento, apenas tomando crédito por su creación, y básicamente negándose a beneficiarse de un invento que de otro modo los habría hecho asquerosamente rico si hubieran aprovechado su capital, desaparece en la niebla de historia; permaneciendo completamente desconocido y no contabilizado. ¿Quién haría tal cosa? Y tal vez una pregunta aún mejor; ¿Por qué haría tal cosa?

Este es el misterio que rodea la creación de la cadena de

bloques, y las extrañas circunstancias que han llevado a los rumores a internet a correr como locos desde entonces. Pero, de nuevo, cuando realmente lo piensas, Bitcoin y la cadena de bloques son tan revolucionarios, que tal vez su creador sintió que tenían que permanecer en el anonimato por su propia seguridad.

Tan solo en el ámbito de la moneda digital, varios de los innovadores que salieron a la superficie con sus creaciones se enfrentaron a la ira del sistema de justicia penal o al IRS de una forma u otra,lo cual finalmente derivó en el cierre completo de su producto.

Si bien la creación de una nueva moneda no es algo técnicamente ilegal, ciertamente no se recomienda y, por lo general, existen bastantes aspectos técnicos que pueden ser esgrimidos para eliminarla. Por lo general, los nuevos esquemas de moneda, como fue el caso del *dólar de la libertad*, se asocian con el lavado de dinero y, luego los responsables son eliminados rápidamente como resultado.

Bitcoin también estuvo asociado durante un tiempo con empresas nefastas como la Ruta de la Seda. Y si se hubiera conocido la identidad de su creador, Satoshi podría resultar implicado y responsabilizado de alguna manera por estas transacciones criminales y tendría que dejar de operar. Pero puesto que el creador de la cadena de bloques ha permanecido en forma segura en el anonimato, no hay una sola persona a quien se pueda señalar con el dedo como el creador. Entonces, en ese sentido, no hay nadie que pueda ser atacado en una reacción violenta futura.

A pesar de que Bitcoin y la cadena de bloques pueden finalmente anular todo el establishment del control bancario y gubernamental, gracias a la conveniente desaparición de Satoshi Nakamoto, no hay una sola persona a quien se pueda culpar y detener. Así es que, al igual que el resto de nosotros, a los líderes mundiales solo les queda esperar y ver cómo progresa este experimento.

Capítulo 5: La Cadena de Bloques en el Cuidado de la Salud

Últimamente, el rumor se ha centrado en el fallido sistema de atención médica en los Estados Unidos. El asunto ha llegado al punto en que los legisladores estadounidenses están siendo sometidos a lo que equivale a unahumillación pública por el hecho de que al parecer no pueden aprobar una ley de salud que tenga sentido para todos los ciudadanos. ¡Sabes que debe ser difícil cuando al parecer ni el acoso cibernético puede hacer el trabajo!

Pero ya no digamos un plan de salud que sea factible para las masas, muchos se están dando cuenta de que necesitamos una plataforma tecnológica completamente nueva para distribuir estos servicios en primer lugar. Hablemos acerca de la plataforma que se utilizará para tomar los datos del cuidado de la salud en el futuro. Ya que este capítulo se enfoca en la manera en que la tecnología de la cadena de bloques estará generando grandes olas en la industria del cuidado de la salud, muy pronto.

Registros de Salud

Hay muchos lugares en el mundo donde individuos y naciones enteras se ven afectadas por registros médicos que están al borde de la desintegración. Regresemos hace 30 o 40 años antes del advenimiento de los registros digitales. Cuando todo era papel, había archivos amarillentos que, literalmente, se caían a pedazos en manos de profesionales de la salud.

Pero ahora que tenemos registros digitales consagrados en bases de datos de todo el mundo durante décadas, no les está yendo mucho mejor frente a los ataques cibernéticos y la corrupción general delos registros. Otro problema importante con estos registros digitales son las llamadas copias "clonadas" o duplicadas que diluyen los registros generales del paciente y hacen que sea cada vez más difícil para los profesionales de la salud llevar a cabo un seguimiento de sus pacientes.

Esto ha llevado al aumentoen las acciones para tener una base de datos uniforme en la que se pueda colocar toda la información del paciente sin que aparezca un contenido duplicado o irrelevante en el registro del paciente. El campo unificado de la cadena de bloques promete resolver todos estos problemas. No hay nada más personal que nuestros registros de salud y si hay alguna manera de que podamos hacerlos más seguros, todos debemos subirnos a ese carro.

Así que esperemos que la cadena de bloques mantenga su promesa de seguridad cuando se trata de nuestros registros de salud. ¡Es por lo menos una cosa menos de la que tenemos que preocuparnos en el problemático mundo del cuidado de la salud! ¡Así que considera eso y diles a tus senadores que tienen mucho que aprender de la cadena de bloques!

Intercambio de Datos y Autorización de los Pacientes

Con la implementación de la cadena de bloques, los datos pueden intercambiarse con la autorización del paciente, sin importar dónde se encuentren y sin importar qué tipo de instalaciones elijan para su tratamiento. El paciente puede llevar todos sus datos él mismo, encerrados de forma segura dentro de la cadena de bloques y elegir cuándo autorizar su liberación. De esta manera, tan pronto como el paciente haya dado el visto bueno a un médico, podrán tener acceso instantáneo a los datos relevantes que necesitan a través de la cadena de bloques, en lugar de tener que buscar en innumerables archivos y registros informáticos para encontrarlos.

Como puedes ver, la cadena de bloques funciona como un tipo de buzón médico de datos que se puede subir y distribuir a través de la plataforma a múltiples partes. Y al ser un precursor de la transferencia de datos médicos en la cadena de bloques, esta información se asegura con la criptografía. Las revelaciones selectivas también pueden ser utilizadas y puestas en autorización con la firma correspondiente.

Con este sistema, todos los cuidadores designados, incluso familiares y amigos, podrán obtener instantáneamente datos importantes, a veces de salvamento, en un instante. Tan solo imagina un escenario futuro en el que su amigo que es alérgico a la mantequilla de maní accidentalmente come galletas de mantequilla de maní. Es posible que no hayas sido consciente de este hecho, pero puesto quetu amigo te ha otorgado autorización, puedes tener acceso instantáneo a sus registros médicos personales.

Y ya que tiene este acceso, es probable que antes de marcar el número para el 911, recibirás alertas en su teléfono sobre las condiciones alérgicas exactas que sufre tu amigo. ¡Gracias al nuevo enfoque de la cadena de bloques que permite el intercambio de datos a través de la autorización general del paciente, estas cosas ahora son posibles!

Con este sistema, puedes sentirse completamente seguro al saber que el paciente, y solo el paciente, puede autorizar la divulgación o la capacidad de terceros para divulgar información confidencial de atención médica. ¡Con todos los casos de robo de identidad que ocurren por ahí, tal consuelo y seguridad han tardado mucho en llegar!

Preservación de la Privacidad y Evidencia Médica

La seguridad de la cadena de bloques preserva la información del paciente como nunca antes. El sistema es tan seguro que los pacientes pueden optar por entregar personalmente sus datos a laboratorios aleatorios de todo el país para la investigación científica, sabiendo que pueden permanecer completamente anónimos durante todo el intercambio. Los sistemas de tecnología de cadena de bloques también se pueden usar para mantener la apariencia de muchos productos de prueba, al usar evidencia médicamente orientada para hacerlo.

Se puede decir mucho de la fortaleza que se puede extraer de la evidencia orientada a la medicina y la preservación de la privacidad del paciente que facilita la cadena de bloques. A medida que el mundo de la salud avanza y se fusiona con el futuro "internet de las cosas" solo podemos esperar que los avances prometidos que proporciona este marco continúen brindándonos avances en el futuro.

Cuidado de la Salud Basado en la Cadena de Valor

La amplia distribución a través de los registros de la cadena de bloques elimina a cualquier intermediario y, como resultado, puede reducir en gran medida el precio total pagado a las compañías de seguros. Actualmente hay una crisis en el sistema de seguros de salud y la cadena de bloque nos ha dado las herramientas que podrían proporcionar una solución. También proporciona una gran iniciativa para reclamos médicos agregados y es capaz de optimizar aún más las bases de datos de reclamos de todos los clientes.

En general, la cadena de bloques reduce el fraude, las copias duplicadas y los simples errores humanos al prestarnos la casi infalibilidad de su cadena de datos de gran alcance. Ya no tendrás que preocuparte por ese nuevo aprendiz en la oficina de facturación que accidentalmente engorda la cantidad de dinero que debes cuando ingresa sus datos en tu cuenta. Con la cadena de bloques, todo está a cargo de ti, y estos nuevos facturadores médicos no necesitan aplicar.

Capítulo 6: Aplicaciones Futuras de la Cadena de Bloques

La cadena de bloques puede ser excelente para los negocios, pero debes saber cómo usarla, uno de los métodos más importantes de la cadena de bloques es utilizarla como un búfer con su moneda criptográfica. Hay varios ejemplos de cómo puedes usar la cadena de bloques para los negocios. Este capítulo te proporcionará algunos de los mejores ejemplos de cómo la cadena de bloques puede ser buena para su negocio.

Financiamiento Comercial y la Economía Compartida

Si necesitas verificar tus productos con un método transaccional de "extremo a extremo", debe considerar los hechos. Considera el caso de IBM, este gigante recientemente se asoció globalmente para crear productos con proveedores y agencias de crédito, con todos sus productos respectivos en un libro público. Si necesitas crear algún tipo de comercio financiero, puedes hacerlo también con un proceso simplificado de obtención acuerdos que le permirá utilizar varias entidades legales al mismo tiempo.

La tecnología de la cadena de bloques está ganando cada vez más soporte del mundo bancario como una plataforma segura para realizar transacciones. Y, recientemente, se llevó a cabo una prueba piloto de gran envergadura cuando se permitió que la compañía de inicio R3 CEV se pusiera en marcha con su implementación de transferencia interbancaria basada en la cadena de bloques. Esta es una gran noticia para la "economía del intercambio" que está justo en el horizonte para la mayoría de nosotros.

La economía del intercambio incluye fenómeno como el "compartir viajes" y "compartir habitaciones", hasta personas que comparten tareas en el trabajo, con todas estas transacciones registradas en una sólida cadena de responsabilidad. Estas cuentas se unen como un tapiz masivo de comercio y se mantienen en un estándar uniforme con el sólido marco sólido de la cadena de bloques como tu base de operaciones.

Como puedes ver, las finanzas comerciales están más que listas para la economía de intercambio que proporciona la cadena de bloques. Se trata de una plataforma abierta y las posibilidades siguen siendo prácticamente ilimitadas. Hay muchas aplicaciones para las cuales la economía compartida puede utilizar la cadena de bloques. Solo es cuestión de tiempo antes de que veamos que todos llegan a buen término.

El Internet de las Cosas

Uno de los usos más frecuentemente promocionados de la tecnología de la cadena de bloques ha sido el surgimiento de la "Internet de las cosas". Si aún no está familiarizado con el concepto de IOT (Internet ofthings), permíteme darte un resumen rápido. Básicamente, a medida que los dispositivos se vuelven más inteligentes, casi todos los electrodomésticos que podamos imaginar podrán conectarse a Internet.

Como verás, en un futuro muy cercano, no solo tus teléfonos inteligentes, computadoras personales y televisores inteligentes estarán conectados a la red, sino que incluso algo tan inocuo como el horno tostador de tu hogar también estará conectado a Internet. ¡En esta casa inteligente súper conectada, podría estar acostado y gritar para que tu tostadora comience a precalentarse en preparación para tu tocino y huevos de la mañana!

Pero, por supuesto, al igual que con cualquier cosa conectada a Internet, esta conveniencia también genera cierta preocupación. Como verás, en el futuro cercano con el Internet de las cosas, no solo tenemos que preocuparnos de que nuestros equipos sean pirateados, sino que también tenemos que preocuparnos de que nuestros hornos tostadores también sean pirateados. Solo puedes imaginar lo horrible que sería si un extraño a miles de kilómetros de distancia pudiera piratear tus electrodomésticos y hacer que se enciendan y apaguen a distancia.

Esto significa que la Internet de las cosas realmente solo será realmente factible con una revolución en la seguridad que pueda ofrecer una protección más confiable contra estos ataques; Esa revolución ya ha llegado en forma de la cadena de bloques. En el futuro, cuando los dispositivos automáticos se comuniquen a través de Internet, podremos tener todas estas interacciones escritas y registradas en el mismo registro público en el que se registran las transacciones financieras. Esto nos protegerá de que cualquier máquina sea pirateada o quede fuera de línea sin nuestro conocimiento.

Desde 2014, una derivación directa de la cadena original de bloques de Bitcoin conocida como "adepto" ha liderado la carga al intentar crear la telemetría y la columna vertebral de lo que será la nueva Internet de las cosas. Esta columna vertebral estará compuesta por todas las pruebas de trabajo y los mensajes de signos de estaca en el ecosistema de la cadena de bloques que dan sentido a todas las transacciones de la cadena de bloques y se asegura de que sigan siendo seguras. Esta será la infraestructura detrás de la futura seguridad de "Internet de las cosas" también.

Computadoras Cuánticasy elHyperLedger

Los chicos de la Fundación Linux realmente se han superado con su trabajo en el "HyperLedger". El objetivo general de este código de código abierto en la cadena de bloques es ayudar al avance de los desarrolladores de tecnología y tecnología del futuro. Todos estos miembros están ansiosos por crear una estandarización de trabajo del libro mayor público que proporciona la cadena de bloques para que el comercio de status quo pueda recogerlo mucho más fácilmente.

El hiper libro mayor también está buscando crear un tipo más "modular" de tecnología de cadena de bloques que sea de código abierto y que sea más fácil de manipular para los desarrolladores. La estructura superpuesta de este hiper libro mayor se conoce como el "tejido de hiper libro mayor". Esta tela permite un medio conveniente para conectar las cadenas de bloques. Esta plataforma permite un medio de negocios más confidencial, escalable y seguro.

Además, se ha dicho que tan pronto como la computación se actualice a la tecnología prometida en el futuro de la "computadora cuántica", el hiper libro mayor será más importante que nunca. Porque de acuerdo con aquellos que promueven este escenario, habrá una necesidad aún mayor de la seguridad de un hipercontrolador cuando las computadoras cuánticas reemplacen a las digitales. La computación cuántica que actualmente ves se proyecta para ser exponencialmente más rápida que las computadoras digitales de hoy en día.

Los cálculos realizados a nivel cuántico son capaces de realizar más de un cálculo en algún momento. Una hazaña que es imposible para las computadoras digitales, binarias que deben pasar de 0 a 1 en una sucesión predecible, para duplicar. Una vez que las computadoras cuánticas hagan que los dispositivos informáticos de hoy en día sean reliquias obsoletas del pasado, necesitaremos herramientas más avanzadas, como el hiper libro mayor y otras aplicaciones que proporciona la cadena de bloques.

UsandoEtheriumpara la Línea de Fondo de tu Cadena de Bloques

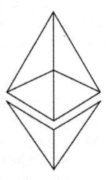

Etherium en su núcleo es un equipo descentralizado que permite que las aplicaciones transaccionales avancen sin supervisión. Etheriumes completamente programable y listo para trabajar dentro de la cadena de bloques. Etherium se confunde a menudo por ser simplemente una forma de moneda digital, pero es mucho más de lo que parece.

Etherium es en realidad un sistema basado en nodos que utilizan funciones basadas en transacciones. El sistema Etherium utiliza un libro de contabilidad público que está a la vista de todos los participantes, a quienes luego se les pide que logren un consenso respecto a la transacción. Esto permite que extraños completos que no tienen razón para confiar entre sí, puedan confiar en el sistema en el cual están trabajando.

Etherium establece contratos inteligentes entre estas personas, lo que ayuda a garantizar un intercambio sin problemas entre ellas. Estos contratos inteligentes suelen estar escritos en programación Python o en código de computadora basado en Java. Solo un par de cosas para tener en cuenta con el uso de Etherium; En este momento, tiende a ser bastante lento para grandes cantidades de datos, y también cuesta mucho mantenerlo en la cadena de bloques.

Estos contratos sirven como una forma de realizar negocios con la seguridad total de la cadena de bloques a su disposición. Esta seguridad atraviesa todas las diferencias regionales y de personalidad que pueden entrar en juego durante una transacción. Etherium es perfecto para esta línea de trabajo, ya que, como no es humano, el programa Etherium elimina por completo todas las debilidades y dificultades inherentes a losoperadores humanos.

Etherium fue creado inicialmente por VitalikButerin y Gavin Wood como una plataforma de código abierto en 2015, en lo que fue la mayor startup de financiación colectiva de todos los tiempos. En su esencia, Etheriumconstituye un esfuerzo por descentralizar Internet al tener cuatro estructuras básicas en su lugar; Interfaz de usuario integrada, transacciones confiables, mensajes dinámicos y publicación de contenido estático.

En muchos sentidos, básicamente se está tratando de crear una computadora basada en el entorno mundial, creando un cerebro neurológico para que todo el planeta lo use y se beneficie mutuamente. Todo el mundo de la tecnología parece estar en un estado de transición y atravesando algunos problemas de crecimiento fundamentales. Tal vez la Red global del futuro pronto estará sobre nosotros, ¡y Etherium y la cadena de bloques son los mecanismos que están detrás de esto!

Cadena de Bloques Para Administrar tu Cuadra

Sí, parece que la cadena de bloques se utilizará para ejecutar casi todo, podrá ejecutar la mayoría de nuestros dispositivos en el Internet de las cosas, puede convertirse en el telón de fondo de todas las transacciones financieras y, aparentemente, ¡incluso podráadministrarla cuadra entera de una ciudad entera! Bueno, cuando llegue a eso, gran parte de la vida moderna ya estará automatizada, tiene que haber un umbral en el que esos aspectos automáticos de nuestro día se mantengan en curso.

Por lo tanto, los autos no chocarán contra los edificios y los drones aéreos no caerán del cielo, tiene que haber una infrestructura basada en la red que mantenga todas estas cosas perfectamente en su lugar; La cadena de bloques proporciona esa red. Un ejemplo reciente de esta aplicación de la cadena de bloques en acción es la de la compañía china fabricante de automóviles "Wanxiang", que invirtió 30 mil millones de dólares en sus propios diseños de ciudades inteligentes en el futuro cercano.

Uno de los aspectos de la planificación de su ciudad inteligente consiste en tomar las baterías de todos los autos eléctricos de esta ciudad del futuro y asegurarlas. Esto significa que en lugar de vender cada batería directamente, las baterías se alquilan a usuarios potenciales. Y las propias baterías pueden convertirse en un activo que puede intercambiarse entre los usuarios potenciales de la tecnología de la cadena de bloques.

Capítulo 7: Triunfos y Riesgos Proyectados de la Cadena de Bloques

En este capítulo, cuando llegamos a la sección media de este libro, me gustaría echar un vistazo a algunas de las formas en que la cadena de bloques ha sido más fácilmente aceptada como un recurso común para los usuarios. Examinaremos la manera en que esta tecnología ha impactado sus vidas. En este capítulo exploraremos todos los triunfos y riesgos proyectados de la cadena de bloques.

La tecnología de la cadena de bloques ha recorrido un largo camino desde su inicio con Bitcoin y la evolución de la cadena continúa siendo notable. De Bitcoin a la Internet de las cosas, a los robots del futuro totalmente autónomos; Estos son solo algunos de los ejemplos más conocidos de las tendencias que vienen.

El Sistema Bancario y la Cadena de Bloques

Aunque es probable que los expertos en banca aún envíen algunos mensajes mixtos sobre la aceptación de Bitcoin, están más que listos para comenzar las conversaciones acerca de la implementación del marco de Bitcoin; subproducto de la cadena de bloques. El banco USAA, por ejemplo, ha estado investigando cómo puede implementar la cadena de bloques desde hace varios años.

Para ellos, la implementación de esta nueva plataforma en su metodología bancaria oficial no es una cuestión de si, sino de cuándo. Como acto de buena fe en esta dirección, el banco USAA incluso se unió a la llamada "Cámara de Comercio Digital", que se ha especializado en mejorar las instituciones monetarias con tendencias tecnológicas de vanguardia como la cadena de bloques.

Por supuesto que podrías preguntar; ¿Por qué querría un banco centralizado apostar a tecnología descentralizada como la cadena de bloques? Bueno, el problema es que, si bien muchos de los bancos aún no están dispuestos a renunciar al control centralizado, están dispuestos a experimentar con la ejecución de aplicaciones en múltiples nodos, lo cual la cadena de bloques les permite llevar a cabo.

Aparentemente, estos bancos sienten que pueden tener su pastel y comerlo también; creen que podrán utilizar algunos de los mejores aspectos de la tecnología de la cadena de bloques, como la facilidad de uso y la seguridad, mientras mantienen el control centralizadode la plataforma.

Aunque este pequeño baile puede funcionar por el momento, está creando el riesgo de una gran fricción en el futuro y puede llevar a un enfrentamiento definitivo entre la tecnología y los bancos para ver quién realmente mantendrá el control. ¡Así que estad atentos mientras esta historia continúa desarrollándose!

La Cadena de Bloques está aprobada por el IRS

Después de todas las luchas y luchas iniciales, a partir de 2014, el IRS decidió reconocer oficialmente a Bitcoin como un producto comercializable. Más importante aún, el Servicio de Impuestos Internos decidió hacer de Bitcoin un activo importante en el que los usuarios podrían acumular riqueza, como es el caso de los bonos y las acciones. Con esta aceptación no adulterada de Bitcoin, la cadena de bloques también se acepta de forma predeterminada.

Y con este sello de aprobación, la cadena de bloques es libre de avanzar con un aire de legitimidad que antes no tenía. Si el IRS puede confiar en la cadena de bloques, es un signo bastante alentador para el resto de nosotros. El viejo dicho dice algo como: "Solo hay dos cosas que son seguras; la muerte y los impuestos". Pero con esta reciente aprobación, podría actualizarse así; ¡Solo hay *tres cosas* que son seguras, la muerte, los impuestos y la *cadena de bloques*!

Amazon Utiliza la Cadena de Bloques

Amazon Web Services (AWS) anunció recientemente que se asociaría con el "Digital CurrencyGroup" (DCG) de NYC. A través de DCG, la tecnología de la cadena de bloques se ha utilizado con nombres tan importantes como Capitol One, Citi, Visa e incluso Nasdaq. Todos estos ahora pueden utilizar la nube en Amazon Web Services sin ningún problema. Según el jefe de AWS, Scott Mullins, este movimiento está destinado a "estimular la innovación y facilitar la experimentación sin fricción".

Amazon Web Services percibe que se está produciendo un cambio masivo a través de la tecnología de la cadena de bloques y no desean quedarse atrás; demostrando una vez más cuán vital es realmente la tecnología de la cadena de bloques. Y habiéndose dado cuenta de eso, Amazon Web Services ha implementado recientemente su propia plataforma de desarrollo orientada a Bitcoin y que utiliza la cadena de bloques,denominada "Core Stack Core".

Esta plataforma, que cobró vida el 3 de marzo de 2017, permite a quienes la usan tener un mecanismo seguro y descentralizado con el que pueden realizar un seguimiento de su propia información sobre la cadena. La cadena de bloques se está integrando cada vez más con Amazon, cada día. Muy pronto, todos tus pedidos, y todo lo que hagas en Amazon, se realizará en los bloques de la cadena de bloques.

Uso de la Cadena de Bloques Para Frenar el Fraude Electoral

Si prestaste atención a la elección presidencial de 2016 en los Estados Unidos, sin duda habrás notado que el fraude y la manipulación de los votantes fueron una parte importante de la conversación. Ambos lados del pasillo apuntaban con el dedo al otro, acusando a sus respectivos partidos políticos de beneficiarse de los votos ilegales.

Antes de que se iniciara la votación, los republicanos se apresuraron a acusar a los demócratas de acumular votos adicionales de inmigrantes ilegales que usaban números de seguridad social robados. Y los demócratas también acusaron a los republicanos de una letanía de fraude y abuso de votantes orquestados por el gobierno ruso en su nombre. Estos fueron cargos bastante increíbles y seguramentesin precedentes.
Y muchas de las acusaciones parecen haberse prolongado mucho después de que la elección haya terminado, lo que ha llevado a interminables paneles, depósitos y otros desperdicios excesivos de dinero, tiempo y cordura de los contribuyentes. Aún queda por ver si hay alguna verdad en cualquiera de estas acusaciones, pero si las elecciones de 2016 hubieran utilizado la

cadena de bloques, habría sido un asunto muy simple llegar al fondo de cualquier controversia que se hubiera desarrollado en la realidad.

Incluso en un mundo lleno de las llamadas "noticias falsas" con la cadena de bloques, es una tarea bastante fácil separar los hechos de la ficción. Porque la cadena de bloques no miente; Este no es un intento de porrismo de la tecnología, es simplemente la verdad. La cadena de bloques conserva datos verificables, y no puede ser manipulada. Es por esta razón que muchos han defendido que naciones como los Estados Unidos de América, revisen su obsoleto sistema de votación en favor de un programa de votación electrónica que haga un uso completo de la cadena de bloques.

En una forma u otra, la adopción de un sistema de votación electrónica ha sido defendida muchas veces en las últimas dos décadas. La votación electrónica, como se le llama a veces, se ha promocionado como una forma para aumentar la participación de los votantes a través de la facilidad de uso de un sistema en línea y también para simplificar en gran medida la burocracia de las elecciones. Podría convertirseen la panacea mágica resuelva todos nuestros males electorales si tan solo supiéramos cómo implementarla.

Sin embargo, antes del advenimiento de la cadena de bloques, tales cosas parecían nada más que un sueño imposible debido al gran riesgo de que un sistema de votación en línea fuera presa de los piratas informáticos. Pero con el cifrado sólido de la cadena de bloques, el público se ha dado cuenta de que la votación electrónica universal podría estar en el horizonte, después de todo. Así como la cadena de bloques elimina el doble gasto en transacciones con divisas como Bitcoin; También eliminará la doble votación.

Y permitirá a los usuarios votar desde la comodidad de su propia casa, o donde sea que estén, con solo unos toques en su teléfono inteligente. Solo piénsalo, podrías estar descansando en su casa en sus pijamas mirando a Judge Judy, y aun así participar en el proceso de votación simplemente deslizando tus dedos en la pantalla de tu dispositivo móvil. El tío Sam te está hablando; ¡Así que mejor súbete a la cadena de bloques y vota!

Los defensores de este sistema incluso ya tienen un nombre, lo llaman "cadena de bloques habilitada para la votación electrónica" o "BEV" para abreviar. Ellos creen que esta cadena de bloques habilitada para votar realmente le dará el poder a la gente en lo referente a laselecciones, ya que cada ciudadano involucrado en el proceso de votación podrá conservar su propia copia personal del registro de votación en su totalidad. Esta instantánea se conservará de forma indefinida y cualquier persona de la red podrá acceder a ella, en cualquier momento y desde cualquier lugar.

Y dado que cada uno de los votantes tiene un registro, sería imposible para una persona fabricar votos, ya que cualquier desviación los haría sobresalir como la bola extraña de la bolsa, y los haría fácilmente identificables frente a todos los otros bloques correspondientes como un fraude obvio.

Como puedes ver, no necesitaríamos que el director del FBI y paneles de políticos enteros determinen si hubo un entrometimiento electoral o un fraude electoral, todos podríamos verlo por nosotros mismos, allí mismo, en la información. Es evidente que la cadena de bloques nos proporcionará una manera efectiva para frenar el fraude electoral de una vez por todas.

Bifurcando la Cadena de Bloques

En la popular serie de TV "The Good Place" una mujer *no tan buena* muere en un extraño accidente, y debido a un error clerical en los libros de registro del cielo (aparentemente incluso el cielo debería usar la tecnología de la cadena de bloques) esta dama de cuestionable pasado accidentalmente es aceptada en cielo. Y gran parte de sus predilecciones previas, como su propensión a las palabrotas, la acompañaron.

Pero de acuerdo con la serie, el cielo tenía una manera de corregir su boca sucia y cada vez que ella se preparaba para lanzar la palabra referente al macho cabrío, salía como "bombón". Eso es genial, ¿verdad? ¿Pero de qué diablos estoy hablando aquí? La cadena de bloques tiene una condición conocida como "bifurcación" en la que dos transacciones ocurren accidentalmente al mismo tiempo y dan como resultado una "bifurcación" completa en la cadena de bloques.

Esto podría suceder cuando dos personas en lados opuestos del mundo se encuentran en medio de la extracción de transacciones en la cadena de bloques exactamente al mismo tiempo. El lado de una persona en la cadena copia un bloque, mientras que el otro copia uno al mismo tiempo, lo que lleva a una bifurcación en el camino y, en última instancia, a un gran desacuerdo sobre la transacción. Pero no se asusten, amigos, ya que esta bifurcación en el camino se mitiga al esperar para ver qué parte de la red acepta los bloques opuestos que han surgido, primero.

En este proceso, solo toma alrededor de 10 minutos para que se realice la transacción y se determine el bloque de decisión. Una vez que se toma la decisión, el bloque que creó la bifurcación queda "huérfano" y se elimina de la cadena. Como puedes ver, incluso en el raro caso de bifurcación, la cadena de bloques tiene un plan de contingencia para ello; solo trata de no bifurcar para el resto de nosotros, ¿de acuerdo?

Capítulo 8: Implicaciones Legales de la Cadena de Bloques

Es natural que algo tan masivo como una cadena de bloques tenga tremendas implicaciones legales en la sociedad. En este capítulo exploraremos algunos de los factores que ya están en juego, así como los cambios previstos que se producirán en el futuro. Así que a medida que los legisladores y los expertos en políticas se enfrentan, estos son los temas de conversación más probablemente serán expresados.

¿Como Afectará la Cadena de Bloques las Relaciones Legales?

Como se mencionó anteriormente en este libro, un intercambio con una cadena de bloques generalmente involucra algo conocido como un "contrato inteligente". Estos contratos son como cualquier otro contrato vinculante, colocando a los dos participantes en una relación legal y contractual entre sí en términos mutuos que ambos acordaron.

Sin la lógica programable de un contrato inteligente, los tribunales tal vez tendrán que considerar otros factores determinantes. Hay varios casos en los que esta nueva tecnología puede entrar en juego y afectar las relaciones legales como las entendemos hoy en día. Solo a medida que la cadena de bloques siga evolucionando, se conocerá el nivel al que se verán afectadas estas relaciones.

Primeros Choques Contra el Gobierno

La cadena de bloques crea un mecanismo de intercambio autorregulado que puede funcionar sin ningún tipo de supervisión gubernamental. Esto naturalmente, como consecuencia, llevará a algunas fricciones y problemas iniciales con las autoridades gubernamentales. Esto es de esperar, y ocurre siempre que surge alguna nueva forma de hacer las cosas. Y a medida que la cadena de bloques progrese desde el tablero de dibujo hasta la sala de juntas, solo tomará un poco de tiempo, y prueba y error, para ver cómo se desarrollarán las cosas a medida que avanza la cadena de bloques.

Dar Sentido a los Límites de Confianza

Los límites de confianza son la tierra de nadie de la cadena de bloques en la que el libro mayor público del sistema se une con "todo lo que no es" en el libro mayor público. Si el valor no puede ser percibido directamente por la red, es posible que termine en el mundo oculto de la verificación diferida dentro de los límites de confianza. Aquí es donde entra la cadena de bloques.

La cadena de bloques rompe los límites de confianza y abre los límites, por así decirlo, para que el usuario promedio pueda tomar el control de sus datos digitales sin necesidad defuente centralizada alguna. Puesto que todos tienen su propia participación en la cadena de bloques de datos, pueden crear su propio concepto de límite de confianza. Depende del usuario individual comprender estos límites de confianza.

Identidad, Datos, Cadena de Bloques, Dinero, y la ley

Se ha creado una cantidad increíble de rumores acerca del potencial parala implementación de la tecnología de la cadena de bloques en el campo de la identidad y la gestión de datos. Pero es el nicho que la cadena de bloques parece llenar para la gestión de la identidad personal en particular lo que parece ser más prometedor. Los sistemas que actualmente tenemos implementados para estas tareas son ciertamente defectuosos, lo que suele conducir a casos de abuso y fraude.

Sin embargo, la cadena de bloques nos ofrece un medio ingenioso para resolver este problema al brindarnos un registro seguro que no depende de ninguna autoridad central. Para realizar dichas transacciones legalmente vinculantes, todo lo que se necesita es una firma digital que pueda vincular los datos a la persona o personas que deseen impulsar la transacción. Con esta única firma podemos encontrar la identidad, los datos, la cadena de bloques, el dinero y la ley,como si estuvieran unidos por una sola aplicación.

Bitcoin:

Introducción: ¿Qué es el Bitcoin? ¿Y por qué debería invertir en él?

Para entender qué es Bitcoin, primero debemos comprender el concepto del dinero e inversión, en primer lugar. Ciertamente, es algo que damos por sentado, pero cada día movemos valores de un lugar a otro, mediante alguna forma de moneda e inversión. Solo piénsalo, vas al Starbuck, le das un par de pedazos de papel verde a un Barista, ¡y como por arte de magia te entregan un frappuccino helado!

Estoy seguro de que la mayoría nunca se ha tomado el tiempo de considerarlo, pero ¿cómo sucedió esto? ¿Cómo es posible que algunas piezas de papel verde crujiente, con imágenes de políticos fallecidos desde hace mucho tiempo estampadas en su superficie, puedan usarse para comprar sabrosos frappuccinos? Bueno, en esencia, todas las formas de moneda son simplemente artículos que poseen un valor, objetos en los que colocamos valor y luego los usamos como un medio para facilitar el movimiento de bienes a través de los sistemas económicos.

Invariablemente, todo se remonta al trueque primitivo de nuestros antepasados prehistóricos. Dado que la prehistoria se refiere a la épocaanterior a que se escribiera nuestra historia, no podemos estar seguros de cómo surgió el alba del comercio, pero sin duda lo podemos imaginar. Solo piensaen un hombre de las cavernas que tiene dos peces, pero mucho más que comida, lo que realmente necesita es un nuevo abrigo de piel para el frío del invierno que se aproxima. Entonces, por casualidad, se encuentra con un neandertal extremadamente hambriento que viaja a través de la tundra helada y que lleva tres abrigos recién adquiridos de piel de venado colgados en la espalda.

El Neanderthal no necesita todo este exceso de equipaje de piel de ciervo, se dispone cruzar el hielo. Pero su estómago gruñe de manera feroz, cuando en esovoltea a ver a uno de sus hermanos temblorosos sosteniendo un par de peces en sus manos. Entonces, ¿qué deberían hacer el hambriento Neanderthal y el friolento hombre de las cavernas? Bueno, asumiendo que el hombre ha evolucionado lo suficiente como para no solo romperse la cabeza mutuamente para conseguir lo que quieren, idealmente, ¡harán trueque y comerciarán! El temible hombre de las cavernas cambiará su pescado al hambriento neandertal por sus abrigos de piel de ciervo.

Esta es la inversión prehistórica perfecta para ambas partes, ¡y ambos obtienen lo que necesitan a cambio! ¡Pero esta simple transacción es obviamente de alcance muy limitado, y un hombre solo puede cargar tantos peces resbaladizos! Por tanto,las cosas progresaron, en lugar del trueque directo de artículos, se determinó que otros artículos más fáciles de portar y que se consideraban igualmente valiosos, como el oro, el cobre e incluso la sal, se utilizaran como representaciones de valor en su lugar.

Por tanto, en vez de que tengas que llevar dos enormes y resbaladizos trozos de pescado para comprar tu abrigo de invierno, todo lo que tienes que hacer es llevar dos libras de sal en el bolsillo o dos monedas recién acuñadas. De esta sencilla manera,de estos primeros portadores de valoreseventualmente se derivaronlas notas bancarias de papel, como los dólares. Cuando vendes algo por unos cuantos billetes, o gastas una gran cantidad de dinero para obtener un poco más, no estás haciendo una inversión en papel, estás invirtiendo en esa reserva de valor que se le ha asignado. ¿Y quién le asigna ese valor al todopoderoso dólar? ¡El sistema bancario centralizado por supuesto!

Es en esta coyuntura que Bitcoin se desvía a la izquierda de la moneda tradicional. Puesto que el Bitcoin está completamente *descentralizado*, no hay un banco central que determine cuánto valen los bitcoins. Al igual que el oro, es valioso porque hay un número limitado de Bitcoins en oferta y, a diferencia del dinero, no se puede imprimir para aumentar su número. De manera intencional, solo se extraerá un número limitado de bitcoins (analizaremos la minería de bitcoins más adelante en este libro).

Y en lugar de un banco que los acapare, los bitcoins se encuentran dispersos en una amplia franja de usuarios de Internet que realizan un seguimiento de todas las transacciones e inversiones en un vasto ecosistema del Bitcoin (una referencia que escucharás bastante en este libro). Es por todas estas razones que al Bitcoin se le conoce como la primera "moneda digital descentralizada". Verás, un metal terrestre escaso como el oro, que al igual que el bitcoin tiene un suministro limitado, también podría denominarse una moneda descentralizada.

Solo piénsalo, por más que los bancos quieran controlar todo el oro del planeta, no pueden hacer nada para evitar que alguien simplemente desentierre más. Pero, aunque el oro se ajusta al perfil de un producto descentralizado, el oro, por supuesto, no es digital, y no se pueden comprar cosas en Amazon lanzando una barra de oro a través de la pantalla de su computadora. El Bitcoin, sin embargo, es digital, y completamente descentralizado. A diferencia del oro, también es completamente fungible, lo que significa que se puede dividir fácilmente en unidades más pequeñas, lo que simplifica enormemente las compras.

El Bitcoin es una cuestión de pura matemática, y para reducir su tamaño, ¡todo lo que tienes que hacer es dividir! Por supuesto, el oro es una construcción física y solo puede reducirse, acuñarse y dividirse un número limitado de veces. Como puedes ver, El Bitcoin resuelve toda una serie de problemas relacionados con la inversión en moneda convencional de una sola vez. El Bitcoin, tal como lo conocemos, se creó en 2008 cuando alguien que usaba el alias, "Satoshi Nakamoto", presentó un ensayo en el que describía "su" intención de implementar una nueva moneda digital.

Cuando hacemos referencia a Satoshi Nakamoto, nos vemos obligados a usar la palabra "su", porque hasta el momento, nadie tiene idea de si Satoshi es un hombre, una mujer o, posiblemente, un grupo de colaboradores secretos. Al día de hoy, la verdadera identidad del alias sigue siendo completamente desconocida. Como una madre anónima que hubiese dejado a un bebé recién nacido en una estación de bomberos, a fines de 2008, Nakamoto publicó un sitio para criptógrafos y difundió una nueva idea: el "Bitcoin", la pieza de criptografía más innovadora y segura que el hombre haya conocido.

Para que algo sea criptográficamente seguro debe estar lo suficientemente encriptado, para que alguien pueda enviar un elemento de datos incrustados, sin que nadie sepa qué había dentro. La forma más fácil de hacer entender este concepto a la mayoría es mirar más allá de su correo electrónico, ya que el correo electrónico en sí mismo es una función de la criptografía. Tu correo electrónico contiene datos especialmente encriptados y no se puede abrir a menos que proporciones una contraseña.

Esta contraseña,en lenguaje criptográfico, es tu "clave privada", y el correo electrónico en sí mismo sería la "clave pública" que tu contraseña o "clave privada" sirvan para desbloquear. Bitcoin funciona de la misma manera. Bitcoin utiliza una cadena de bloques a través de la cual se pueden realizar bloques de transacciones, y solo aquellos con claves privadas y públicas que coincidan correctamente tienen acceso a estos datos, lo que hace que las transacciones sean completamente seguras.

Tan solo la seguridad proporcionada por la cadena de bloques, debe ser una razón más que suficiente para que al menos tengas un poco de curiosidad de en lo referente a invertir en Bitcoin. Y a medida que profundicemosmás sobre el tema en este libro, ¡no tengo ninguna duda de que te convertirás en un verdadero creyente! Ahora que sabes qué es el Bitcoin, presta mucha atención a los siguientes capítulos para que tengas una idea aún más precisa del tipo de inversión en la que te estás involucrando.

Capítulo 1: Razones del Mundo Real Para Invertir en Bitcoin

Antes de que estar listos para realizar una inversión, necesitamos saber cómo podremos beneficiarnos de nuestra inversión en el mundo real. Bueno, entonces, ya que hay tantas buenas razones para invertir en Bitcoin, ¡pensé seguir adelante y dedicar un capítulo entero a este tema! A continuación, te presento todas las razones del mundo real que podrías necesitar para invertir en Bitcoin.

Para Invertir en Bitcoin no Necesitas de un Intermediario Financiero

¿Alguna vez has intentado realizar una gran inversión, como acciones, bonos o bienes raíces? Todos estos métodos tradicionales de inversión son excelentes, pero todos requieren una cosa: un corredor. Ya sea que compres una casa o adquieras algunas acciones, siempre hay algún intermediario financiero en el medio. Pero con Bitcoin, esta es una inversión que puedesrealizara tu propio tiempo y completamente en tus propios términos.

En lugar de tener que lidiar con algún tipo de diferencia entre tú y sus finanzas, puedesadquirir directamente tus activos de Bitcoin y hacer negocios. Pronto, tú serás tu propio jefe en esta inversión, lo que significa que no tendrás que pagar ninguna tarifa a un intermediario. Sé que muchos de ustedes pueden tener ciertas dudas en cuanto a trazar su propio curso con Bitcoin, y quizás sientan que realmente necesitan un intermediario financiero que los ayude a llevar un registro de todo esto, pero con Bitcoin no es realmente un problema estar al frente de todo.

Verás, puesto que cada transacción individual se registra en un libro de contabilidad público y queda grabado en la cadena de bloques para siempre—todo está en el registro permanente—y simplemente no hay manera de que puedas estropearlo. Esto por sí solo brinda una gran tranquilidad a la mayoría de los inversores. Todavía puedo recordar la primera vez que compré mi propio Bitcoin. Acababa de cumplir 27 años, y un amigo me animó a invertir. Al principio dudé bastante, me sentí abrumado ante la perspectiva de tener que separarme de parte de mis activos.

Tenía una empresa de inversiones muy pequeña (de hecho, estaba instalada en un pequeño sótano) y no estaba seguro de saber lo suficiente como para manejar las cosas por mi cuenta. Estaba bastante aterrorizado. Pero cuando me di cuenta de lo fácil que sería, sin ningún tipo de supervisión o interferencia, salté a bordo. No pasó mucho tiempo antes de que mi inversión comenzara a pagar. Y no he mirado atrás desde entonces. Y si suena como algo que también podría ayudarte, también deberías intentarlo.

Para la inversión en Bitcoin, puedes comenzar con tus propios términos. Si sientes que quieres entrar en serio y poner todas tus fichas en la mesa, no habrá nadie que te detenga. Y si deseas frenar e invertir poco a poco, esta es también una opción para ti. Con Bitcoin tú eres tu propio jefe, y está escribiendo su propio tipo de "elija su propia historia de aventuras" (¿Recuerdas eso?) Todo dependerá de la manera en que procedas con tu propia inversión en Bitcoin.

Las Inversiones en Bitcoin Están Protegidas de la Inflación

La pesadilla de la bancarrota de los sistemas financieros en todo el planeta: la inflación es un verdadero asesino de la moneda. Tan serio como un ataque al corazón monetario, siempre comienza de la misma manera, hay una presión del gobierno para pagar algún tipo de deuda, y el banco centralizado responde imprimiendo más dinero. Parece una solución simple, pero tarde o temprano, el exceso de efectivo en circulación provoca una seria devaluación de la moneda.

A medida que la moneda pierde valor, los precios de todos los bienes y servicios se disparan hacia el cielo, haciendo que algo tan simple como un galón de leche en la tienda de abarrotes cueste cientos de dólares. En este punto, el dinero está inflado irremediablemente, y completamente sin valor. Y si tuviste la mala suerte de poner todas sus esperanzas y sueños en los millones de dólares que desperdiciaste, sus ahorros e inversiones de toda la vida ahora han perdido su significado. ¡El dinero que se suponía que te ayudaría a jubilarte ahora apenas te alcanza para comprar comestibles para una semana!

Por horrible que parezca, estos resultados trágicos son muy posibles con inversiones que dependen de los bancos centralizados como sus administradores. Esta es precisamente la razón por la cual hay tal indignación con el sistema bancario en este momento. Son la causa de la burbuja inmobiliaria, causan unilateralmente una inflación desenfrenada y el banco central juega según sus propias reglas. Es suficiente para hacer que quieras gritar, pero cuando estás atrapado en medio de esto como inversionista, realmente no hay mucho que puedas hacer al respecto.

Pero con la naturaleza descentralizada de Bitcoin, la inflación de este tipo ni siquiera entra en el ámbito de lo posible. Dado que hay un número limitado de bitcoins para explotar, y no hay forma de crear más, el mercado de Bitcoin estará siempre libre de la inflación saturada que enfrentan sus pares monetarios. Invierte en Bitcoin y sabrá exactamente dónde se encuentra tu inversión, durante bastante tiempo. Ya no estará a merced de algún banco centralizado o de cualquier otra institución.

Y la capacidad del Bitcoin para frustrar por completo la inflación, y otros controles corruptos e institucionalizados, ha puesto en alerta a todo el mundo. El Bitcoin se ha vuelto particularmente popular en zonas del mundo en desarrollo en donde la corrupción rampante ha inflado seriamente la moneda local. Veamos aZimbabwe, por ejemplo, aunque el implacable dictador zimbabuense Robert Mugabe finalmente se ha retirado de su implacable gobierno de larga data, la moneda local aún no ha tenido tiempo suficiente para recuperarse de su desastroso reinado.

Puesto que se imprimió tanto dinero, el dólar zimbabuense es casi inútil, y se necesitan cientos de billetes solo para obtener el producto más básico de la tienda de comestibles local. Es por esta razón que la mayoría ha usado la moneda de los Estados Unidos en su propia patria durante años, utilizando dólares y centavos en lugar de una unidad monetaria basada su nación. Y más recientemente, Zimbabwe también ha demostrado ser un cliente perfecto para Bitcoin.

A pesar de que sus funcionarios gubernamentales les han fallado, los ciudadanos de Zimbabwe pueden estar seguros de que la criptografía y la inmejorable cadena de bloques de Bitcoin es algo en lo que pueden confiar. Porque todas las inversiones de Bitcoin están, y siempre estarán, protegidas contra la inflación, sin importar qué ocurra. A diferencia de algunos gobiernos mundiales y sus líderes, la continuidad sólida e ininterrumpida de la inversión de Bitcoin es algo con lo que puedes contar.

La Enorme e Inesperada Ganancia de la Inversión en Bitcoin
Probablemente no hay mejor publicidad de por qué deberías invertir en Bitcoin que las enormes e inesperadasganancias que los primeros inversores ya han experimentado. En realidad, muchos se han enriquecido con una inversión temprana en Bitcoin. Los que invirtieron en los albores de la era de Bitcoin, en 2009 y 2010, cuando un solo bitcoin valía menos de 1 centavo, ahora son multimillonarios.

Al principio, Bitcoin no se tomaba en serio, y se creía que era una pérdida de tiempo. Luego, en 2011, cuando Bitcoin alcanzó el valor de un dólar estadounidense, todo eso comenzó a cambiar. Para asombro de espectadores e inversores, el valor de Bitcoin siguió aumentando hasta que superó por completo al dólar. Muy pronto, la inversión en Bitcoin parecía cada vez más rentable.

¡Avancemos ahora hasta el año 2017, y ese mismo bitcoin único y solitario ahora vale$4880! Esto significa que alguien que invirtió en tan solo 20 bitcoins en 2009, hoy tendría una inversión de casi $ 100,000. ¡No está tan mal para un golpe de suerte! La inversión en Bitcoin se está convirtiendo rápidamente en la principal historia de éxito del siglo XXI. Incluso las personas que olvidaron que tenían bitcoins, ¡se despertaron y se encontraron a sí mismas mucho más ricas!

Solo toma el caso de Cristopher Koch. El Sr. Koch, quien estaba escribiendo un artículo universitario sobre tecnología de criptomonedas y encriptación en 2009, compró algunos bitcoins baratos solo para tener un ejemplo de su trabajo. En ese entonces, cuando Bitcoin estaba recién comenzando, y aún con un valor muy bajo, pudo comprar 5000 bitcoins por unos 26 dólares. Luego terminó su trabajo a fines de 2009, explicó cómo funcionaban las criptomonedas, guardó su clave privada y, literalmente, se olvidó del asunto.

No fue hasta 2013, cuando comenzaron a surgir las noticias de que el Bitcoin había aumentado su valor, y este continuaba creciendo aceleradamente, Cristopher Koch recordó esa inversión olvidada en 2009. Haciendo cuentas, ahora se dio cuenta de que sus 5000 bitcoins valían mucho. ¡Más de los 26 dólares que había pagado por ellos! Deseando desbloquear su propia inversión inesperada en Bitcoin, el Sr. Koch se apresuró a recuperar sus bitcoins perdidos desde hacía mucho tiempo, pero para su gran consternación había perdido su clave privada.

En el mundo de Bitcoin esto es un asunto serio, porque una vez que se pierde una clave, tus bitcoins podrían perderse para siempre. Afortunadamente para Cristopher, sin embargo, había tenido la previsión de crear una contraseña maestra y, con ella, ¡pudo desbloquear su ganancia inesperada de casi un millón de dólares! ¡Y esto fue en 2013! Entonces, ¡solo imagina cuánto vale su alijo de bitcoins ahora! ¡Todo gracias a la gran ganancia inesperada derivada de una inversión temprana en Bitcoin!

La Cadena de Bloques

Como resultado, el aspecto más extraordinario de la introducción de Bitcoin por Satoshi Nakamoto en 2008, puede no ser el propio Bitcoin, sino la plataforma que Satoshi diseñó para facilitarla. Y esa plataforma se llama *Blockchain*("Cadena de Bloques"). También conocido como un "libro de contabilidad público", la cadena de bloques es un sistema en el cual grandes piezas de datos transaccionales se vinculan entre sí a través de una amplia red de usuarios.

Aproximadamente cada 10 minutos se agrega a la cadena un bloque recién procesado de estos datos. Para todos los usuarios de Bitcoin, su propia copia personal de este bloque de datos se envía a su propia cadena de bloque personal para quedar encerrada dentro de su programa de billetera de Bitcoin (veremos los programas de billetera en el próximo capítulo). Gracias a la cadena de bloques estas transacciones son seguras y exitosas. Y la propia cadena de bloques, como resultado, puede usarse para mucho más que Bitcoin.

En 2017, el entonces Secretario de Salud Tom Price había sugerido que la criptografía de bloqueo de la cadena de bloques podría usarse para transacciones seguras de registros de salud con la misma facilidad con que se utiliza en finanzas. Esto fue, por supuesto, antes de que Price se viera obligado a renunciar después de fletar demasiados aviones privados y ser acusado de derrochar dinero innecesariamente. Pero dejando de lado el uso corrupto de los fondos por parte de Price, este tenía razón en lo que respecta al potencial de la cadena de bloques en la industria de la salud.

Se proyecta que los hospitales de toda la nación pronto usarán una tecnología de estilo de cadena de bloques para transferir de manera segura los registros médicos de un lugar a otro, de un dispositivo a otro, para que, sin importar a dónde vaya, su médico pueda acceder de manera segura a tus últimos datos médicos. La cadena de bloques se está convirtiendo en un efecto secundario increíblemente importante de la llegada de Bitcoin, y si eres un inversionista astuto, debes tener en cuenta que la revolución de la cadena de bloques ha comenzado.

Capítulo 2: Comenzando con tus Inversiones de Bitcoin

Ahora que estás enterado de los beneficios que puedes obtener con Bitcoin, estoy seguro de que estás ansioso por iniciar. Pero antes de que te vayas por ahíy obtengas tu primera billetera de Bitcoin, tomémonos un tiempo para discutir algunas estrategias de inversión iniciales. En este capítulo, destacaremos algunas de las mejores vías disponibles para tien lo referente al comienzo detus inversiones en Bitcoin.

Obtén una Billetera de Bitcoin

Antes de hacer cualquier otra cosa, para poder realizar tu primera inversión en Bitcoin, tendrás que obtener algo llamado "Blletera de Bitcoin". Y no, cuando decimos "billetera", ¡no estamos hablando de una *trendy*billetera de Bitcoin de piel de cocodrilo que te guardarás en el bolsillo trasero! ¡No señor! Estamos hablando de billeteras digitales bitcoin. La billetera digital de Bitcoin es la institución en la cualguardastus claves privadas (como veremos más adelante) para acceder a tus bitcoins.

Para configurar tu billetera digital de Bitcoin (también hay otros medios de almacenamiento más allá de lo digital,pero hablaremos de ello más adelante en este libro), necesitas descargar un "programa de billetera" de Bitcoin. La mayoría de estos están disponibles como descargas gratuitas para tu computadora o teléfono desde sitios como "Coinbase" o "Electrum".

Como puedes ver claramente, hay muchas opciones disponibles, y al final, tendrás que decidir cuál es la mejor para ti. Tendrás que sopesar las opciones y determinar qué es lo mejor para tu propia estrategia de inversión personal. Pero con el propósito de utilizar este libro en su totalidad como una herramienta de aprendizaje, seguiremos adelante y seleccionaremos una para ti.

Ve a http://electrum.org

Desde aquí podrás descargar el último programa Electrum Bitcoin Wallet. Tan pronto como hagas clic en "descargar", comenzará la instalación. Luego, las instrucciones se explican por sí mismas y, después de algunas indicaciones, deberás ver un cuadro de diálogo que dice: "Electrum no pudo encontrar una billetera existente". Esto es lo que cada nuevo usuario debería ver y simplemente reitera lo que ya sabes: no tienes una billetera

Este aviso está allí para asegurarse de que no tienes una billetera anterior que te gustaría restaurar. Pero asumiendo que realmente eres un novato, ignora esta consulta y simplemente selecciona la opción "Crear nueva biletera" y haz clic en siguiente. Después de hacer esto, recibirás lo que se conoce como seed("semilla"), que es un núcleo de datos, que consta de 12 términos aleatorios. Es esta semilla la que generará tus claves y direcciones privadas. Toma nota de ello y coloca esta semilla en un lugar seguro.

No todos los programas de monedero usan "semillas" para almacenar los inicios de la generación de claves privadas, algunos simplemente almacenan estos datos directamente en su dispositivo. Pero la semilla resulta ideal, funciona como una protección contra la pérdida o el robo de dicho dispositivo, y es muy recomendable. Una vez que te hayan proporcionadotu semilla, se te solicitará que te conectes a un servidor remoto. Muchos pueden, al principio, palidecer ante la idea de hacerlo, pero realmente no hay nada que temer, estos servidores remotos son completamente seguros.

Se te dará la opción de conectarte automáticamente, o seleccionar tu servidor manualmente, para simplificar las cosas, te permite seleccionar la opción, "Conexión automática". Después de hacer esto, deberá aparecer una ventana con un panel de control que contiene varias opciones. Deberás ver un punto verde iluminado en la esquina inferior de esta ventana. Mientras esté encendida esta luz verde, estarás conectado a la red. Ahora que esto se ha establecido, echemos un vistazo a tu panel de control.

Mira las cinco pestañas situadas hacia la esquina superior izquierda de tu ventana. Son "Historial, Enviar, Recibir, Contactos y Consola". Continúa y haz clic en la pestaña "Recibir". Después de hacer clic en esta pestaña, deberás ver una lista completa de todas tus posibles "direcciones de recepción" de Bitcoin. Estas direcciones son claves públicas generadas al azar, y puedes usarlas para recibir tus primeros bitcoins.

Tan pronto como alguien envíe cualquier Bitcoin a una de estas direcciones, verás esa cantidad reflejada en el saldo de Bitcoin en tu billetera. Tu saldo siempre aparecerá en la esquina "inferior izquierda" de tu pantalla. Mantén un ojo en él mientras inviertes más con Bitcoin. Lo último que deseas hacer es dejar de prestar atención a tus balances, el inversionista inteligente siempre tiene que estar atento a las últimas tendencias.

Obtén tu Clave Privada

Como se mencionó en la introducción de este libro, el uso de una clave privada es una medida estándar de criptología, y es algo tan simple como la contraseña que escribimos para abrir una cuenta de correo electrónico. Tu clave privada para Bitcoin funciona en la misma premisa, y es esencialmente solo una larga serie de letras y números que se utilizan para acceder a los bitcoins que has escondido en tu repositorio de Bitcoin en línea. La "clave privada" es la clave que desbloquea esta caja de seguridad digital.

Dicho esto, una vez que tengas tu clave privada, debes asegurarte de que esté bien asegurada para que no caiga en las manos equivocadas. Además del robo, también debes asegurarte de que no se pierda. Puesto que una de las características de la inversión en Bitcoin es que, debido a su naturaleza descentralizada, todo lo que necesitas para poder para acceder a tu dinero es una clave personalizada.

De hecho, esto podría interpretarse como uno de los beneficios reales que brindan los intermediarios bancarios, ya que con ellos, una simple llamada telefónica generalmente es todo lo que se necesita para recuperar toda la información que necesitas para tu cuenta. Pero con las inversiones de Bitcoin, si pierdes su clave privada, no hay una autoridad centralizada a la cual puedas llamar para que te rescate. Como Peter Parker dijo una vez: "Un gran poder implica una gran responsabilidad".

Y Bitcoin ofrece un poco de ambos. Bitcoin ofrece mucha libertad y ventajas, pero también debes ejercer tus propias prácticas de seguridad para mantener la calidad y el control de tu inversión financiera. ¡Dado que es, de hecho, tu inversión financiera, y no estás en deuda con nadie más! Ya no eres esclavo del dólar. Tú estás a cargo de su propio destino de Bitcoin, así que asegúrate de trazar el camino perfecto para ti y tu inversión financiera.

El Uso de los Programas de Billetera
Los programas de billetera están diseñados para clasificartus Bitcoins en categorías muy específicas. Si necesita una cierta cantidad de bitcoins para pagar tus facturas y una cierta cantidad para otras inversiones, puedes catalogar todas sus necesidades de Bitcoin en uno de estos convenientes programas de billetera. Pero lo realmente bueno de los programas de billetera de Bitcoin es su capacidad para producir direcciones de Bitcoin fuera de línea. No tienes que estar conectado a la red para esto, y ni siquiera necesitas una conexión a Internet.

El programa en sí simplemente elige una serie de números al azar y emite una dirección en el momento. Ten en cuenta que, aunque tu propia dirección puede crearse sin una conexión a Internet, tendrás que conectarse en línea para acceder al dinero enviado a dicha dirección. Utiliza los programas de billetera para facilitar tus inversiones a la larga. Simplemente descargatus archivos wallet.dat en tu programa asignado y permite que siga su curso. Esto realmente es una sabia inversión. Entonces, adelante, ¡sigamos adelante con el programa!

Usoy Generación de Códigos QR

Si has estado en el mundo moderno durante algún tiempo, sin duda ha visto algunos códigos QR. Estos pequeños contornos cuadrados de puntos blancos y negros hoy en día se han vuelto omnipresentes. Al igual que los códigos de barras del pasado, los códigos QR son cada vez más frecuentes en todo tipo de mercancías y medios de inversión financiera. De hecho, se han vuelto tan generalizados, que a los mendigos sin hogar en las calles de Nueva York se les han visto códigos QR pegados a los lados de sus vasos de cambio.

¡En lugar de traquetear el cambio, estos hobos están sacudiendo la moneda digital! ¡Si eso no es una señal de que QR ha llegado para quedarse, no sé qué es! Los códigos QR aparecieron por primera vez en 1994, cuando los fabricantes de automóviles japoneses lo crearon como un medio para almacenar más datos financieros de los que permitían las barras de códigos de barras estándar. Aunque estos códigos han existido desde mediados de la década de 1990, en realidad no llegaron a funcionar como medio de transporte financiero para el ciudadano promedio hasta el surgimiento de los teléfonos inteligentes.

Dado que los teléfonos inteligentes, con sus elegantes pantallas pueden convertirse esencialmente en un escáner portátil, ahora cualquier persona puede escanear códigos QR con solo deslizar su teléfono. Esto ha hecho que el mundo del comercio y la inversión sean increíblemente simplificados, ya que ahora cualquiera puede transferir fácilmente una moneda como Bitcoin con un simple escaneo de su teléfono a través de la superficie de un código QR.

Y ahora los inversores pueden incluso crear sus propios códigos QR descargando el "Generador QR de Bitcoin". Puedes crear estos códigos para que se les coloque la cantidad que desees, ¡simplificando todo el proceso de tu inversión a voluntad! Ahora puedesdescargar billeteras y programas especiales de Bitcoin que se pueden crear fácilmente para escanear QR directamente en tu teléfono. ¡No sé tú, pero a mí me encanta cuando las buenas ideas, el comercio y la tecnología se unen!

Capítulo 3: Invertiren Minería de Bitcoin

Originalmente, la minería de Bitcoin era la principal manera de adquirir bitcoins, y aunque las elecciones se han vuelto un poco más reducidas a lo largo de los años de minería continua, todavía hay mucho espacio para hacer una inversión en el mundo de la minería de Bitcoin. En este capítulo exploraremos de manera sencillala manera en la cual tú también puedes obtener ganancias al invertir en la minería de Bitcoin.

Infórmate Acerca del Proceso de Minería

Antes de hacer cualquier otra cosa, debes saber qué significa minar en primer lugar. La idea de la minería de datos ha existido desde hace un tiempo. Pero no fue hasta hace muy poco que la recuperación de largos algoritmos de datos se ha convertido en un aspecto tan crucial de la vida moderna. De hecho, hoy en día todos y cada uno de nosotros somos unapieza en el mundo de la minería de datos, y hastatú mismo sin duda ha sido minado y ni siquiera lo sabes.

Solo piensa en la última vez que compraste un libro en línea en Barnes and Noble, y al día siguiente recibiste notificaciones de libros similares en su correo electrónico personal. El hecho de que te gustan estas nuevas ediciones se dedujo a través del proceso de minería de datos. Alguien (o tal vez inclusoalgo) minó tus hábitos de gastos personales lo suficiente como para poder deducir lo que te gustaría en el futuro.

Este tipo de minería de datos es un tema que forma parte de nuestra vida en este momento. La minería de Bitcoin, por otro lado, es un tipo diferente de minería de datos. Bitcoin funciona en una especie de ecosistema de igualdad de oportunidades que opera sobre una base de igual a igual, en el que cada bloque de datos extraídos en la cadena de bloques es una pieza separada pero igualmente importante del rompecabezas. Para que tengas éxito en tus esfuerzos como inversor, necesita poder entender esto.

Cada uno de estos bloques tiene conjuntos de datos muy específicos, pero es cuando todos los bloques de la cadena se juntan que el verdadero milagro de Bitcoin se une. Esta es la minería de datos en su máxima expresión. Y tan pronto como entiendas el proceso, tu inversión con Bitcoin realmente puede despegar. Entonces, toma nota, infórmate acerca de las últimas tendencias y ¡prepárate para hacer la mejor inversión de tu vida!

Y si invertir en una operación minera ya en funcionamiento es atractivo para ti, solo como una sugerencia útil, la compañía minera que siempre ha sido votada como la mejor es una denominada "Genesis Mining". Se sabe que esta compañía, inspirada en el "Bloque de Génesis" que comenzó la cadena de bloques, ofrece a los inversores algunos beneficios considerables. Este grupo minero es bien conocido en el ecosistema de Bitcoin y es bastante proactivo en sus relaciones con otros miembros de la red. Ponte en contacto con ellos y permanece constante, de esa manera seguramente obtendrás una ganancia.

Básicos de la Minería de Bitcoins

El concepto de minería de Bitcoin surgió como resultado directo de la naturaleza descentralizada de la red de Bitcoin. Dado que no existe una autoridad bancaria centralizada, Bitcoin confía en sus compañeros, los entusiastas de Bitcoin que explotan bloques de transacciones de Bitcoin. Estos mineros de bits ayudan a facilitar el flujo del comercio financiero y trabajan para evitar que los usuarios se involucren en instancias erróneas de doble gasto y otros errores.

Los mineros de Bitcoin se aseguran que cada bloque de datos pueda verificarse para que se ajuste a la secuencia con el último.

Cada diez minutos este proceso se repite, con un nuevo bloque de datos procesados. Es el minero de Bitcoin quien aborda estos bloques de datos que se han distribuido en toda la red. Esta extracción, por supuesto, no se hace únicamente para el beneficio altruista de otros, sin embargo. Hay un incentivo incorporado para la minería. No estaría acorde con el verdadero espíritu del capitalismo si no existiera.

Y por cada bloque transaccional explotado en la cadena, el minero recibe 12.5 bitcoins a cambio. La recompensa original era de 50 bitcoins, pero para evitar que el ecosistema de Bitcoin se inunde con demasiada moneda, este número se ha reducido a la mitad cada 4 años. Como resultado, la cantidad actual que un minero de Bitcoin puede esperar recibir ahora es de 12.5 bitcoins por bloque. Se trata de una inversión muy atractiva.

Invirtiendo en el Equipo de Minería Adecuado

Para poder desenterrar adecuadamente tus propios bitcoins, necesitarás un dispositivo con capacidad computacional para realizar matemáticas sofisticadas. Esto es necesario para detectar pequeñas fluctuaciones en Tu "encabezado de bloque" en la cadena de bloques. Es este encabezado de bloque el que contiene la mayor parte de la información transaccional que se procesa en esa instancia en particular.

Entre otra información, contiene el momento en que se produjo la transacción, así como un número completamente aleatorio conocido como "nonce". Este número se asigna a cada transacción y, en última instancia, el minero lo utiliza como su "prueba de trabajo" de que efectivamente extrajeron ese bloque de datos. Con esta prueba en la mano, el minero puede cosechar su recompensa de bitcoins.

Al principio, todo lo que se requería para analizar esta reserva de información digital era el estándar "CPU" (Unidad central de procesamiento) de tu computadora promedio. Como su nombre puede implicar, la CPU de su computadora es la ubicación centralizada donde tu computadora procesa todas las acciones típicas que se usan para las computadoras, como abrir documentos, navegar en Internet, etc., etc. El CPU también fue inicialmente el lugar principal donde las operaciones de minería de Bitcoin se realizaban.

Pero a medida que los cálculos se volvieron más intensos, el viejo CPU simplemente no pudo realizarlos, y se llegó al punto en que al intentar minar con solo un CPU era más probable que tu computadora fallase en lugar de entregarte algún bitcoin. Es por esta razón que la gente dejó de minar con la CPU de su computadora y, en su lugar, comenzó a usar su GPU. Muchas cartas, lo sé, pero tengan paciencia conmigo aquí.

Debido a que la GPU (unidad de procesamiento gráfico) de la computadora está diseñada para manejar acciones computacionales mucho más complicadas, como reproducir videos y otros gráficos. Las GPU tienen algo llamado "Unidades lógicas aritméticas" a las que se les asigna la hercúlea tarea de examinar las resmas de datos pixelizados repetidos que hacen posible la presentación sin problemas de los gráficos de video en primer lugar.

Las GPU funcionaron bastante bien durante un tiempo, es decir, hasta que algo llamado "Matrices de puertas programables de campo" llegó a la escena. Las matrices de puertas programables de campo son un tipo de circuito integrado que es capaz de programar las "puertas lógicas" de cómputos matemáticos complicados. Lo sé, es mucho para asimilar, pero en realidad todo lo que necesitas saber es que una operación de minería equipada con Matrices de Puertas Programables de Campo puede hacer el trabajo mucho más rápido que una GPU sola.

Pero el asunto tampoco termina ahí, ya que fue el circuito integrado de Field Programmable Gate Array lo que llevó al chip

"ASIC" que se ha convertido en parte integral de las plataformas de minería Bitcoin más exitosas de la actualidad. Estos chips llegaron al mercado en 2013 y han aumentado enormemente la velocidad con la que los bitcoins se pueden explotar. Y el minero de Bitcoin no ha mirado hacia atrás desde entonces.

Si deseas que tu operación minera rinda sus frutos, debes tener una computadora equipada con el equipo más reciente, como la que figura en esta sección. Simplemente, si deseas que tu inversión se vea recompensada, debes invertir en el equipo adecuado. Entonces, no dudes en gastar un poco de dinero y un poco de tiempo para asegurarte de que tus inversiones sean exitosas.

Vuélvete Parte de un Grupo de Minería

Conforme los recursos se hacen cada vez más escasos y la competencia crece, la gente ha decidido unir fuerzas en comunidades mineras colaborativas de Bitcoin llamadas "Grupos de minería". Invertir en un grupo de minería no solo te dará más manos en la plataforma para minar, sino que también te ahorrará mucho dinero en su factura de electricidad. La mayoría de los que se unen a las piscinas mineras informan que sus cargas eléctricas mensuales se han reducido a la mitad

Los procesadores de súper velocidad succionan tanta energía que realmente harán que tu factura de energía eléctrica se dispare, por lo que poder compartir este esfuerzo con varios otros realmente te ayudará a reducir tus gastos en el proceso. Los grupos mineros comparten tanto la carga como los beneficios de la inversión. Divide las ganancias de Bitcoin entre tu tripulación y todos serán felices campistas. Realmente hay poder en los números, y estos grupos podrían servir para multiplicar tu inversión considerablemente.

Lleva tu Operación de Minería a la Nube

La tecnología de la nube sigue siendo un fenómeno bastante nuevo, pero está generando olas bastante importantes en muchos ámbitos diferentes, y Bitcoin no es la excepción. El poder virtualmente ilimitado de la computación basada en la nube se está utilizando para eludir la cantidad cada vez mayor de energía necesaria para explotar Bitcoin. Las redes en la nube constan de varios dispositivos conectados entre sí a través de Internet, creando una "nube de datos" virtual simulada por potentes servidores en el ciberespacio. Estos servidores están respaldados por corporaciones de miles de millones de dólares y tienen recursos para quemar.

Por lo tanto, al poder subcontratar todas tus operaciones de minería de Bitcoin a la nube en Internet en lugar de en un hardware y software voluminosos en tu hogar u oficina, puedes reducir considerablemente tus costos operativo generales. Dado que toda la funcionalidad se maneja en la nube, tus computadoras personales, servidores, procesadores y espacio disponible en disco están completamente liberados y disponibles para otras aplicaciones. Esto significa que cualquier computadora que uses para acceder ala nube se ejecutará mucho más rápido y será más productiva, ya que el 99% de tu proceso de minería de Bitcoin se manejará en una red basada en la nube.

Todo lo que necesitas para tu computadora es para el acceso, todo lo demás es manejado por los poderosos servidores basados en la nube. Esto significa que, en lugar de tener que invertir tus valiosos recursos en un servidor más potente, al subir todo esto a los servidores más poderosos de la nube, podrás utilizar la potencia restante de su servidor/computadora para otras áreas de uso necesarias. Y si hay algún problema de mantenimiento, no tienes que preocuparse en absoluto, ¡porque la nube lo tiene cubierto!

Al subcontratar tu operación de minería a la nube, también subcontratas todos y cada uno de los problemas de mantenimiento. No tienes que preocuparte por hacer explotar un servidor, todas estas cosas ya están a cargo de la empresa a cargo de su servicio basado en la nube. Y hablando de ello, dos de las plataformas basadas en la nube más grandes que podrías usar para la minería de Bitcoin es un equipo denominado "Digital Ocean" y una "plataforma de Amazon EC2". Es lo último; La plataforma Amazon EC2 que es, en general, la más popular entre los inversores.

EC2 ofrece una amplia gama de servicios virtuales basados en la nube, a los que hace referencia como "Instancias informáticas". Este es solo un término para las aplicaciones utilizadas por la nube, y las operaciones de minería de Bitcoin también se incluyen en estas "instancias". Todo esto se lleva a cabo a través de la consola de Amazon Web Services (AWS), que se puede utilizar para automatizar todo el proceso. Así que sí, básicamente, mientras vas a Starbucks a tomar una taza de café y vuelves, la operación de minería que subcontrataste a la nube ya está ocupada, ¡lo cual te permite ganar un montón de dinero! ¡Incluso podrías darle una propina a tu barista! ¡Imagina eso!

Capítulo 4: Comprar y Mantener, Día de Comercio y Fideicomisos

Hay tres opciones de inversión principales que se presentan al inversionista inteligente de Bitcoin y están sobre la implementación de lo que se denominan estrategias de "comprar y mantener", "transacciones diarias" y la adquisición de fideicomisos. Estas son todas opciones de inversión interesantes con beneficios únicos. Así que aquí en este capítulo nos tomaremos el tiempo para explorarlas todas.

Inversión de Comprar y Mantener

Utilizar una estrategia de "Comprar y Mantener" es tan fácil como parece, simplemente compras algunos bitcoins y los conservas hasta que su valor aumenta y te genera ganancias. Esta simple estrategia ha sido utilizada por muchos entusiastas de Bitcoin. Muchos de los que compraron solo unos pocos Bitcoins en 2009 o 2010, cuando apenas valían un centavo, se han mantenido con esos bitcoins hasta el día de hoy, permitiendo que esas inversiones que alguna vez tuvieron un valor de un centavo aumenten a miles de dólares cada una.

Simplemente toma el caso de Erik Finman, quien recientemente se convirtió en un multimillonario a la edad de 18 años, debido a una inversión de $ 12 en comprar y mantener que hizo en Bitcoin en 2011. Es bastante irónico, pero a los 12 años, Erik tiró 12 dólares a la olla de Bitcoin y la dejó allí. ¡Y ahora simplemente debido al rápido aumento en el valor de los bitcoins, esos 12 dólares originales, por una inversión sostenida, se han disparado! El Sr. Finman es ahora un joven muy rico por eso.

Pero dicho esto, muchos argumentarían que el apogeo de simplemente comprar bitcoins baratos y mantenerlos para un mayor retorno de su inversión, ha terminado. Dicen que pronto el valor de Bitcoin se estabilizará, y ya no habrá una ganancia importante que se pueda obtener de una estrategia simple de comprar y mantener. Para ellos, simplemente quedarse con Bitcoins está pasado de moda, y se debe utilizar una estrategia mucho más rápida respecto a la utilización de los altibajos del mercado para aprovechar mejor la volatilidad.

Día de Comercio con Bitcoin

El término "Día de Comercio" es simplemente una frase que se refiere a alguien que invierte y luego vende algo, en solo un día. Mucha gente en Wall Street ha ganado mucho dinero mediante la venta rápida de acciones, comprando e intercambiando en un plazo de 24 horas, pudiéndose hacer el mismo tipo de inversión con Bitcoin. Algunos han criticado los esfuerzos a corto plazo por no invertir realmente, sino por llevar a cabo algo más parecido al juego. Consideran que es un juego debido a la rápida tirada de los dados que se sabe que proporciona el comercio del día.

Pero a pesar de la rápida rotación, el comercio diario es una estrategia de inversión real, práctica y proactiva. El día de comercio se especializa en aprovechar los rápidos "movimientos de precios" y me atrevo a decirlo, los "mercados volátiles" a los cuales se a acusado al Bitcoin de pertenecer. No cabe duda de que se sabe que Bitcoin ha hecho algunas fluctuaciones de valor bastante rápidas durante los casi 10 años que ha estado en funcionamiento. El día de comercio te permite saltar a una inversión en su punto máximo diario y luego retirarse rápidamente antes de que todo se derrumbe.

Es por esta razón que algunos incluso llegan a decir que la inversión en Bitcoin fue "hecha" para el día de comercio. Y no se puede negar que la mera conveniencia de poder comerciar y realizar ajustes en la inversión de Bitcoin en cualquier momento del día, en cualquier lugar del mundo, con solo unos pocos toques en la pantalla de un teléfono inteligente, también se ha logrado bastante. (no pretendía hacer un juego de palabras) para facilitar la propensión única de Bitcoin a tener también un potencial de intercambio masivo. Conozco a muchos inversores que han ganado bastante dinero de esta manera, y tú también lo puedes hacer.

Estableciendo unFideicomiso de Inversión Bitcoin

Los fideicomisos de inversión de Bitcoin, o como se los conoce como "BIT", son un gran recurso disponible para todos los inversores de Bitcoin. Estos son fideicomisos que se especializan en recolectar bitcoins, y nada más que bitcoins. Los BIT utilizan una fórmula única para el almacenamiento de sus bitcoins, manteniendo su inversión tan segura como lo sería en un fondo de cobertura convencional. Estos fideicomisos le permiten al inversor distribuir la riqueza y no ser el único depósito de su acumulación de Bitcoin.

Y una vez empleado, puedes literalmente colocar su "confianza" en estos fondos fiduciarios de Bitcoin, ya que hacen todo el trabajo de seguridad y mantenimiento para ti. Es posible que no puedas ajustar todos los detalles de la operación, pero si deseas una forma de inversión a largo plazo que no te mantendrá despierto por la noche, configuratu propio fondo de inversión de Bitcoin. Es sin duda una forma segura de hacerlo. Solo piénsalo, puedes pasar el mejor momento de tu vida en las playas de Hawái, ¡mientras que tu fideicomiso de inversión Bitcoin hace todo el trabajo!

Capítulo 6: Obteniendo las Mejores Billeteras para tu Inversión

A pesar del nombre "Bitcoin", en realidad los bitcoins no son monedas físicas que puedes poner en tu bolsillo, ni facturas físicas que puedes guardar en una billetera, pero aún así utilizan billeteras. La "billetera" de Bitcoin, por supuesto, es simplemente el nombre que se le da a la unidad de almacenamiento digital de bitcoins. Anteriormente en este libro, ya analizamos los conceptos básicos involucrados con este mecanismo, pero ahora en este capítulo exploraremos las opciones de billeteras, así como otras características de seguridad adicionales con más detalle, para que pueda estar tranquilo sabiendo que tus valiosas inversiones en Bitcoin están seguras.

Pon tu Billetera en el Congelador

Si alguien te dice que acaba de poner su billetera de Bitcoin en congelación o "almacenamiento en frío", no significa que la haya metidoen el congelador de su cocina, sino que tiene un depósito virtual de bitcoins que se mantiene completamente fuera de línea. Esta billetera Bitcoin se mantiene a propósito alejada de Internet para que nunca enfrente la amenaza de ser pirateada, atacada o sometida a un código informático malicioso. Piensa en ello como estar a salvo en el aislamiento helado del mundo desconectado.

Después de poner tu billetera en el congelador de esta manera, para que alguien pudiera robar tus bitcoins, tendría que derribar literalmente la puerta de tu casa y robar tu dispositivo físico en frío para poder hacerlo. Y mientras no le anuncies a nadie que tienes miles de millones de bitcoins almacenados en una computadora fuera de línea, ¡no deberías tener nada de qué preocuparte! Y esto puede sonar como algo obvio, ¡pero no te pongas a anunciar en Facebook tu fortuna en bitcoins! Solo mantén los bitcoins que posees en secreto y todo debería estar bien.

Recuerdo una historia que escuché recientemente sobre una casa que fue robada. Al parecer, el propietario de la casa tenía una cantidad considerable de bitcoins, pero el ladrón, no el más hábil de los delincuentes, no sabía nada al respecto. ¡El tipo robó un televisor de pantalla plana y 54 dólares en efectivo, pero dejó intactos los bitcoins por valor de casi un millón de dólares! Con todo lo malo que haya sido el robo a su casa, gracias a las prácticas de almacenamiento en frío de este inversor y sus bitcoins en congelación, pudo canjear sus bitcoins y volver a la cima.

Y puesto que es posible generar nuevas claves privadas sin acceso a Internet, debesmantener tu billetera en un estado de congelación, de manera indefinida. Todo lo que tienes que hacer es descargar un programa de billetera en un dispositivo separado, y luego usarlo para crear claves privadas sin conexión, antes de guardarlas en un dispositivo adicional que nunca haya estado conectado a Internet. Estas claves se encuentran ahora en un estado de almacenamiento en frío perfectamente congelado, completamente intacto y protegido contra cualquier amenaza de penetración dañina del mundo exterior. ¡Así que adelante, amigos, y pongan su billetera en la congelación!

Elabora una Billetera de Papel
Cuando se trata de asegurar tus bitcoins, uno de los medios más simples, pero más seguros para ello, puede ser ¡anotarlo todo en un papel! ¡Está bien! Simplemente apúntalo en tu cuaderno (uno de papel) y guárdalo en algún lugar seguro de tu hogar u oficina. Solo asegúrate de no etiquetar la billetera de papel con obsequios obvios como "¡Hey! ¡Este pedazo de papel es la clave de todos mis bitcoins!", Y nadie debe saberlo. Así, incluso si alguien lo viera, probablemente ni siquiera sabría de qué se trata.

Y para confundir aún más a la gente, podrías anotar las claves en medio de otras notas, para hacerlas indescifrables. Pero hagas lo que haga, solo asegúrate de hacer algunas copias clonadas en una memoria USB o en algún otro medio, en caso de que tu billetera de papel se pierda, acabe en la basura o se destruya. ¡Porque no sería muy divertido descubrir que accidentalmente arrojaste miles de bitcoins al basurero el día de la basura! Mantén siempre tu billetera de papel en un buen lugar para que esto no suceda.

Prueba con una Billetera de Hardware

Las billeteras de hardware son dispositivos separados, con la forma de una unidad de memoria USB, que pueden funcionar para crear nuevas claves privadas sin conexión. Puedes guardar estas claves privadasde manera segura en este dispositivo, y luego, cuando las necesites, simplemente insertas la unidad de memoria en su PC y la utilizas para realizar transacciones comerciales con tus bitcoins. Puesto que las claves privadas están bloqueadas dentro de un dispositivo fuera de línea, se elimina la amenaza de robo cibernético. Tu billetera de hardware utiliza un pequeño elemento denominado "firma de transacción" para que todo pueda verificarse fuera de línea, sin necesidad de una conexión a Internet.

Para enviar tus bitcoins, todo lo que tienes que hacer es enchufar el dispositivo y presionar un interruptor físico en el dispositivo y tus bitcoins estarán en camino. Es por esta razón que me gusta llamar a la billetera de hardware un dispositivo de "enchufary pagar", porque realmente es así de fácil. Si deseas comprar algo, simplemente sacastu billetera de hardware, la conectas y pagas. Una marca de billetera de hardware en particular, ha estado haciendo algunas olas últimamente; Se llama "Trezor".

La billetera Trezor es conveniente y es increíblemente segura. Trezor se puede conectar directamente a cualquier dispositivo y permanecer completamente a salvo de virus y otros programas maliciosos. Este dispositivo tiene un bloqueo sólido y no permite nada dentro o fuera de él, a menos que sea autorizado por el usuario. Esto significa que puedes conectar a este chico malo a una computadora llena de virus, ordenarle que envíe bitcoins a una designación específica, y que no se infiltre ningún código malicioso en tu billetera. La facilidad de uso y la seguridad de la billetera de hardware realmente valen la pena, y vale la pena tu tiempo e inversión.

¡Yo mismo tuve uno de estos cuando fui a Grecia el verano pasado, y me sorprendió gratamente encontrar cafeterías en Atenas que eran completamente compatibles con Trezor! A medida que Bitcoin se vuelve más común en todo el mundo, encontrará que tanto las billeteras como los dispositivos de hardware son cada vez más frecuentes. ¡Así que ahora es el mejor momento para invertir en tu propia billetera de hardware!

Ten Cuidado con las Billeteras Para Teléfonos Móviles
Hoy en día podemos descargar una aplicación para casi cualquier cosa en nuestros teléfonos, por lo que, por supuesto, las aplicaciones de billetera para Bitcoin eran casi inevitables. A muchos les encanta la comodidad de tener sus bitcoins cargados directamente en sus teléfonos, pero por esta facilidad de acceso, está asumiendo un peligro mucho mayor que con otros métodos de almacenamiento. Las billeteras móviles son extremadamente populares, pero estos repositorios itinerantes de direcciones de bitcoin conllevan un peligro evidente.

Todo lo que puedo decir es: si eliges llevar tus bitcoins en tu teléfono móvil, asegúrate de que este tenga un sistema operativo actualizado y lo último en protección antivirus. Porque si pierdestu teléfono, o se daña de alguna manera, estarás perdiendo un poquitín (juego de palabras). Así que incluso si deseas usarla, debes tener mucho cuidado con las billeteras de los teléfonos móviles. Y si insistes en usarlo, ¡trata de no perderlo! Porque una vez que pierdes la billetera del teléfono móvil, lo más probable es que no vuelvas a ver los bitcoins que contiene.

¡Utiliza tu Billetera Cerebral!

Bueno amigos, Si pensaste que la billetera cerebral era un dispositivo de almacenamiento de alta tecnología, lamento decepcionarte, cuando los usuarios de Bitcoin hablan de usar una "billetera de cerebro", ¡se están refiriendo literalmente a tu propio cerebro! ¡Sí, ese trozo de materia gris de 3 libras situado entre tus orejas puede ser un dispositivo de almacenamiento bastante útil! Si tienes buena memoria, y siente que podrías enviar a tu memoria tus cadenas de claves privadas de letras y números aleatorios, la billetera cerebral, como se le suele llamar, sería el medio de almacenamiento más efectivo posible.

Porque, a menos que encuentres a algunos ladrones psíquicos de Bitcoin en algún lugar, capaces de extraer datos de tu cerebro de forma vampírica, una vez que tus claves privadas estén en tu memoria, ¡no es posible que alguien te saque esa información! Para facilitar aún más las cosas, simplemente puedes memorizar una "clave maestra" que sirva para abrir todas las demás claves privadas. Esto debería proporcionarte la mayor comodidad y seguridad si es posible.

Por supuesto, si alguien adivinara de alguna manera tu clave maestra y de repente tuviera acceso a todas tus claves privadas a la vez, tendrías un día muy malo. ¡Pero las probabilidades de que alguien, literalmente, hackee tu cerebro son astronómicas! Con tus claves almacenadas de forma segura en el antiguo noggin, ¡los malos simplemente no podrán piratearlas! Mantén esos bitcoins en tu propio espacio mental. Si tienes buena memoria,

¡usa tu billetera cerebral!

Capítulo 7: Invirtiendo en Intercambios de Bitcoin

A lo largo de todos los cambios en Bitcoin a lo largo de los años, todavía hay pocos medios de intercambio para los inversores en el ecosistema de Bitcoin. Esos tres modos principales son una básica, "transferencia individual", transferencias a través de "intermediarios", y transferencias realizadas a través de "cambios de divisas" específicos. A continuación, enumero todos estos ejemplos explicados con un poco más de profundidad.

Invertir en las Plataformas de Cambio de Divisas
Con más frecuencia que cualquier otro método, los inversores utilizan las plataformas de cambio de divisas disponibles comercialmente para realizar sus negocios. Pero, aunque los principiantes las utilizan mucho, las cosas a menudo pueden ser un poco abrumadoras. Toma "Coinbase", por ejemplo. Coinbase es actualmente uno de los nombres más importantes y tiene algunas de las mejores características disponibles para los inversores principiantes. La seguridad proporcionada por Coinbase no puede ser superada, y el seguro de depósitos es absolutamente fantástico.

Sin embargo, se ha criticado a Coinbase, principalmente por fallas y problemas de mantenimiento con su sitio y servidor. Sin embargo, registrarse es bastante fácil: todo lo que necesitas es una frase de contraseña y una identificación de usuario, y estás listo para comenzar. Tan pronto como hayas iniciado sesión, puedes comenzar a intercambiar inmediatamente tus Bitcoin por la cantidad que elijas. También puedes descargar una aplicación llamada "Authy" que utiliza 2 modos de identificación, lo que te permite moverte rápidamente dentro y fuera del intercambio cuando lo desees, desde cualquiera de tus dispositivos.

Estos dos métodos de identificación son un excelente medio de seguridad. Solo asegúrate de recordar lo que son. Recuerdo que una vez olvidé una de mis contraseñas para identificarme, ¡y casi tuve un ataque al corazón! ¡Pensé que estaba a punto de perder todos mis bitcoins! Pero afortunadamente, después de unos momentos, pude recordarla. Entonces, que sea una lección para ti, jamás olvides tu contraseña. Pero, en cualquier caso, como puede ver, hay muchas maneras de coordinar tus inversiones a través de las plataformas de cambio de divisas.

Invirtiendo con Intermediarios Financieros

En el ecosistema de Bitcoin, los intermediarios financieros sirven para asumir un papel que precisamente han tratado de evitar quienes han adquirido Bitcoins; "El intermediario". Pero dicho esto, si eres relativamente nuevo en la inversión en Bitcoin, tener un veterano que conozca las cuerdas, parado en tu esquina, puede hacer bastante por tu estado de resultados. El inconveniente, por supuesto, es el hecho de que estarás relegando su proceso de toma de decisiones a otra persona. Estos intermediarios suelen apuntar a la primera oferta que ven en función de la valoración reciente.

No hay ninguna negociación involucrada en el proceso, se trata de una operación muy básica de recuperación y captura. Es por esta razón que los inversores más experimentados entre nosotros evitarían usar un intermediario financiero de este tipo. Para el inversor más versado, es mucho más rentable controlar las riendas por su cuenta para que pueda navegar por las olas a medida que van y vienen en el mercado. El objetivo principal de un intermediario es no hacer nada matizado en absoluto, sin embargo, están ahí solo para hacer el trabajo y para asegurar que tu intercambio se complete de manera oportuna.

Entonces, en pocas palabras, si eres un principiante, podrías beneficiarte, pero si tienes más experiencia, quizás no tanto. Realmente depende de tu propio nivel de habilidad personal. Evalúa dónde te encuentra en cuanto a tus hábitos de inversión y decide por ti mismo si estos intermediarios serían adecuados para ti. Es una llamada personal, así que tienes que sopesar las opciones y ver qué es lo que funciona.

Realiza Transferencias Individuales

Participar en transferencias individuales es el medio más simple y más descentralizado de intercambio de Bitcoins en que podrías participar. Con intercambios te reúnes con usuarios individuales realizas intercambios personales con ellos en el momento. Muchos visitan sitios como "LocalBitcoins.com" para reunirse con otros inversionistas de Bitcoin al momento. Las ubicaciones físicas independientes se pueden utilizar puntos de encuentro, como McDonalds, o similares. Solo asegúrate de que, dondequiera que se encuentren, estén en el ojo público, con mucha gente y muchos testigos oculares, en caso de que algo salga mal.

Además, nunca aceptesreunirte con personas que no conoces en su hogar y nunca invites a extraños a tu casa. El amor por la inversión en Bitcoin a veces nos puede llevar muy lejos, y hacer que pongamos en riesgo nuestras vidas por la promesa de unos pocos bitcoins miserables, lo cual realmente no vale la pena. Reunirse con un extraño para intercambiar bitcoins es como un encuentro en el OK Corral y alguien tiene que hacer el primer movimiento. Bueno, en el caso de estas inversiones, es el vendedor el que primero saca el dinero. No porque sean más rápidos en el gatillo o algo así, no deberías dudar en hacer clic en el botón de su billetera de Bitcoin tan rápido como este lo haría.

La razón por la que pueden hacer el primer movimiento se debe al hecho de que depende del vendedor estipular la cantidad de Bitcoin que está dispuesto a transferir. A partir de esta oferta inicial, tú puedes realizar ofertas de contraataque hasta que se acuerde un número determinado de bitcoins. Tu socio en este acuerdo puede marcar el pedido en su dispositivo y enviar bitcoins directamente a tu dirección personal de Bitcoin. Para los intercambios con cantidades elevadas, debes emplear un depósito en garantía, de modo que puedas tener una entidad neutral que no sea parte del acuerdo que se está realizando, debes retener los fondos hasta que la transferencia haya terminado su curso.

Una vez que los bitcoins se envían a alguien, no se puede "cancelar el envío", es absolutamente crucial que estés seguro de lo que estás haciendo antes de realizar cualquier acción. Los escrows son una medida adicional para asegurarse de que todo esté en su lugar antes de hacer clic en ese botón para enviar esos bitcoins. Los depósitos en garantía proporcionan esa capa adicional de seguridad. Esta podría ser una opción importante para tener en cuenta si, y cuándo, decidas realizar transferencias individuales.

Usando Intercambio de Ethereum
La plataforma de intercambio que proporciona Ethereum permite que se puedan llevar acabo algunas transacciones bastante fluidas. Lo mejor de Ethereum es que es de código abierto y puede reprogramarse a voluntad, y adaptarse a un bloque de datos limpio y conciso. Al igual que Bitcoin, los intercambios de Ethereum hacen uso de un "libro mayor público" especial que se puede ver desde cualquier punto en Internet. Más importante aún, Ethereum hace uso de "contratos inteligentes".

Estos contratos generalmente se crean a través de los programas java y python. Los contratos inteligentes de Ethereum otorgan la infalibilidad de la cadena de bloques al intercambio. No solo eso, estos contratos inteligentes pueden usarse para el crowdfunding, las carteras de múltiples firmas e incluso las subastas ciegas. Si esto suena como el tipo de inversión en la que estarías interesado, siéntete libre de experimentar y utiliza los intercambios con Ethereum en la medida de lo posible. Un medio como el Ethereum Exchange podría convertirse en un gran activo para tu inversión.

Capítulo 8: Invirtiendoen la Cadena de Bloques

Como ya se ha mencionado en este libro, la "cadena de bloques" es la innovación tecnológica en la que se realizan todas las inversiones de Bitcoin. Al igual que la piedra, los bloques monolíticos, estos bloques de datos están tallados y vinculados entre sí en todo el ecosistema de Bitcoin. Con tal influencia ineludible, podría decirse fácilmente que invertir en Bitcoin es lo mismo que invertir en la propia Cadena de bloques, por lo que en el presente capítulo exploraremos este concepto un poco más en profundidad.

Tallando tu Primer Bloque en la Cadena

Cada bloque en la cadena de bloques tiene algo llamado "hash". En el mundo de la cadena de bloques, esto es algo parecido a una marca de tiempo. Este hash muestra exactamente cuándo se realizó una transacción, y está tallado en la piedra "digital" de ese bloque para siempre. No hay forma de que este bloque pueda ser duplicado o modificado. Esto es, por supuesto, lo que hace que la cadena de bloques sea tan segura.

Y cuando creas tu propio bloque en la cadena por primera vez, estás creando tu propio testimonio sobre tu inversión en Bitcoin. Solo piénsalo, dentro de cientos de años, ¡tus bloques de datos de inversión aún estarán incluidos en la cadena! ¡En mi opinión, ese solo hecho hace que valga la pena la inversión! ¡Con la cadena de bloques estarás forjando tu propio destino conun bloque a la vez!

Invirtiendo en el Libro Mayor Público

Invertir en el libro mayor público de la cadena de bloques es algo que todos los involucrados en Bitcoin terminarán haciendo, por lo que también podría ser discutido. Este libro de contabilidad servirá como registros de reserva de todos los datos financieros compartidos entre todos los inversores en la plataforma Bitcoin. Una gran cantidad de datos se comparte entre estos inversores de Bitcoin, y es el libro de contabilidad público de la cadena de bloques la entidad que los facilita.

La cadena de bloques permite que las transacciones financieras se realicen sin problemas desde cualquier parte del mundo. La genialidad de la cadena de bloques, es que siempre los usuarios comparten información específica relacionada con una transacción, pero al mismo tiempo, no hay información personal comprometida que se haya revelado en el proceso. Esto significa que el libro mayor público funciona como una fábrica de autopartes en la que varios departamentos se encargan de todoa la vez, ¡pero ningún departamento sabe lo suficiente como para fabricar el auto!

Aunque ciertas partes del libro de contabilidad contienentus datos, no hay suficientes como para que un intruso pueda recabar información comprometida. Todo lo que verían era una marca de tiempo que indica el momento de una transacción, pero no sabrían quién la realizó y con qué propósito se hizo en primer lugar. Este tipo de seguridad en línea no puede ser mejor. ¡Esto hace que el libro mayor público de la cadena de bloques sea una inversión muy sabia, de hecho!

Invertir con Consenso
Cualquier buen inversor sabe que tener consenso entre colegas y una clientela potencial es un componente crítico de cualquier inversión exitosa. Y cuando se trata de Bitcoin, es la cadena de bloques la que proporciona este consenso. Solo piénsalo por un momento, como ya lo hemos discutido, la cadena de bloques nos proporciona muchas características críticas para una inversión saludable.

Es la cadena de bloques que nos da la "prueba de compra", las "firmas múltiples", y es la cadena de bloques que incluso nos da una solución al clásico "Problema Bizantino" de la comunicación, al permitir que varias partes del ecosistema de Bitcoin puedan comunicarse y trabajar en conjunto unos con otros. También es la cadena de bloques la que nos permite alcanzar ese consenso siempre valioso que debemos alcanzar para tener éxito con nuestros pares y nuestra inversión.

Inversión Global en el Negocio Final de la Cadena

En nuestra economía global, la visión de los negocios internacionales ha sido durante mucho tiempo una marca registrada de los inversionistas exitosos. La cadena de bloques funciona bien para la agilización de cualquier transacción comercial. La distancia se reduce y las fricciones se suavizan. No solo en un mercado global, se deben reducir las vastas distancias, sino también las enormes disparidades entre clientela y cultura. Es la facilitación segura de la cadena de bloques lo que hace todo esto posible.

La cadena de bloques permite innovar a la hora de cancelar modos antiguos de discurso global. El libro mayor público de la cadena toma nota de todos los matices del comercio de larga distancia sin necesidad de aportes adicionales de nadie más. Y dado que los portales de acceso están todos sellados en el tiempo para tu aprobación, nunca tendrás que preocuparte de que alguien intente engañarte para la realización de una transacción falsa. ¡Debido a esta simplificación, seguridad y conveniencia, la inversión global en el extremo empresarial de la cadena de bloques no podría ser mejor!

Capítulo 9: Manteniendo Segura tu Inversión en Bitcoins

La seguridad para la plataforma Bitcoin en sí, no debería ser un problema. Hasta el momento, nadie ha podido hackear la cadena de bloques. Y de acuerdo con los expertos en el campo, la cadena de bloques es tan inexpugnable, que nadie en el futuro previsible podrá hacerlo. Pero además del pirateo de la cadena de bloques, existen otras formas en que tu seguridad podría verse comprometida. Aquí, en este capítulo, nos centraremos en algunas de las causas más probables que pueden afectar la seguridad y en cómo puedes remediarlas para asegurarte de que siempre mantengas segura tu inversión en Bitcoin.

Así Mantiene Segura tu Inversión la Cadena de Bloques

La belleza de la cadena de bloques es el hecho de que corta los datos en fragmentos o "bloques" de datos claramente definidos, todos vinculados al primer bloque creado por el mismo Satoshi Nakamoto. Cada bloque posee una marca de tiempo,la cual no se puede modificar. Como un bloque de piedra, cincelado para siempre, todas las transacciones se imprimen permanentemente en su bloque respectivo en la cadena. Esta cadena es sólida como una roca y no puede ser manipulada desde el exterior.

Si alguna vez te preguntas quién y cuando compró qué, todo lo que tienes que hacer es echar un vistazo a la cadena de bloques. Hasta ahora, esta cadena de bloques ha demostrado ser inexpugnable. Los más formidables piratas informáticos han intentado introducirse a la cadena, pero siempre han fracasado. La confiabilidad de estos bloques seguros de datos transaccionales ayuda a garantizar que el fraude y las transacciones duplicadas de manera accidental se arreglen y se redirijan a algo más útil. Así es como funciona la cadena de bloques para mantener tu inversión segura.

Asegura Todas tus Claves Privadas

La pérdida o robo de una clave privada representa el mayor peligro para la seguridad de Bitcoin que existe. Porque a pesar de que los piratas informáticos no pueden entrar por la fuerza en la cadena de bloques, si les das la llave de la puerta principal, ¡no tienen por qué forzarla! Una vez que una clave privada se ha perdido, ha sido robada o comprometida, representa un grave riesgo de seguridad. Solo tomemos el caso de Mark Karpeles y Mt. Gox por ejemplo.

Mark erael antiguo administrador de "Mt Gox", la cual funcionaba como una plataforma de intercambio de Bitcoin muy exitosa y popular en el campo. Todo esto cambió cuando alguien robó una de las claves privadas de Mark y la usó para causar estragos en toda la plataforma. Se extrajeron millones de bitcoins, y Mt Gox nunca se recuperó del todo de este pequeño lapso en su seguridad, y finalmente tuvo que cerrar.

Por tanto, aprende esta lección de Karpeles y Mt. Gox: si a un administrador de Bitcoin en la cima de la montaña le pueden robar sus credenciales, cualquiera puede ser también víctima de esto. Mantén tus credenciales en un lugar seguro y no anuncies su existencia a nadie, ¡ni siquiera a tu mejor amigo! Porque al final del día, la verdadera moraleja de la historia es simple: ¡siempre asegúrate de proteger todas tus claves privadas!

Utiliza Firmas Digitales

Los bitcoins no se pueden enviar si no tienen una firma digital válida. En realidad, esto es un hecho de la vida en el ecosistema de Bitcoin: no hay ninguna excepción. Esta función de seguridad se ha implementado para garantizar que aquellos que están haciendo inversiones con sus Bitcoin son los que tienen la propiedad de ese activo. Lo mejor de una firma digital es que te permite realizar transacciones seguras y sin problemas, sin ninguna otra información de identificación que la propia firma, debiendo esta estar involucrada.

No necesitas mostrar una identificación con foto, no tienes que dar tu número de seguro social, todo lo que necesitas es tu firma digital única y podrás ponerte en marcha sin demora. Las claves digitales también pueden servir como una representación directa de tu clave privada. Solo utilizastu dirección pública para fines de autorización, y luego presentastu firma digital como un representante independiente de tu clave privada asociada con esa dirección pública.

Y si temes que alguien pueda simplemente falsificar tu firma digital, ¡ni siquiera lo pienses! ¡Esto es completamente imposible! Incluso si pudieran hacer una copia del 100% de una de sus firmas, no importaría, porque se requiere una nueva firma digital para cada transacción. Y como cualquier buen experto en escritura a mano sabe, ¡ninguna firma es exactamente la misma! Por lo tanto, a menos que puedan ver el futuro y copiar una firma que ni siquiera hayas firmado todavía, nadie podrá usar de manera fraudulenta una firma digital.

Ten Cuidado con los Ladrones de Tiempo
La cadena de bloques está protegida de manera absoluta contra la infiltración, pero no siempre puedes evitar la interrupción. Y si estas interrupciones se llevan a cabo en el momento equivocado, pueden perturbar gravemente todo el sistema. Una de las más comunes de estas interrupciones intencionadas se denomina "secuestro del tiempo". Este término se refiere a aquellos usuarios infames que intentarán interrumpir la "marca de tiempo" de una transacción, intentando alterar la cronología percibida en la cadena.

Si tienen éxito en la deformación de una marca de tiempo solamente, pueden causar que toda la plataforma se interrumpa temporalmente. La interrupción en esta escala puede conducir a casos peligrosos de "doble gasto". Estas instancias se corrigen tan pronto como ocurren, pero aun así pueden ocasionar grandes inconvenientes y problemas innecesarios en tu inversión.

Cuidado con los Mineros Egoístas

Los mineros egoístas no son solo las personas que se niegan a compartir la cafetera, son el tipo de redes mineras de Bitcoin que acaparan una gran cantidad de la cadena de bloques y expulsan a toda la competencia. Esto lo llevan a cabo haciendo que su margen de ganancia parezca más grande de lo que realmente es. Este grupo luego guarda egoístamente este bloque para sí mismo, sin permitir que nadie más lo intente.

Si estos mineros egoístas no son combatidos, pueden obstaculizar enormemente todo el proceso de minería de Bitcoin para todos los demás involucrados en la red. No dudes en informar de inmediato acerca de cualquiera que creas que está participando en esta perturbadora actividad. Solo se necesita una manzana mala para estropear el grupo, pero también se necesita un buen samaritano Bitcoin para reportar y mantener a salvo el resto del lote.

Evita los Ataques DOS

El DOS (denegación de servicio) es un verdadero hackeo clásico que a los presuntos promulgadores de interrupciones les encanta lanzar contra la red Bitcoin. Los perpetradores lanzan repetidamente DOS contra los servidores de Bitcoin, por lo que estos tienen que cerrar. La red tiene robots "anti-dos" especiales para actuar contra estos ataques, pero la amenaza aún permanece. Dicho esto, lo mejor que cualquier inversor de Bitcoin puede hacer es mantener la oreja pegada al suelo, estar atentos e informar sobre cualquier cosa fuera de lo común para que puedas ayudarte a ti mismo y a otros a evitar estos ataques de DOS.

Evita que tu Computadora se Convierta en un Minero Zombiede

Bitcoin

Muchos se han quedado desagradablemente sorprendidos al descubrir que su computadora se ha reducido a nada más que un minero zombi para Bitcoin. ¿Como sucedió esto? De la misma manera en que su computadora podría infectarse con cualquier número de virus o malware. A través de una combinación de configuraciones de seguridad defectuosas y haciendo clic en un enlace defectuoso. Así es, si recibes por correo electrónico enlaces extraños sobre LinkedIn, Skype o cualquier nombre de compañías de renombre, que piden que hagas clic en dichos enlaces. Ignóralos.

Ha habido una reciente oleada de piratas informáticos falsos que falsifican estas conocidas marcas, con el fin de incitarte a hacer clic en sus enlaces, simplemente para engañartecon el objeto de instalar un código informático malicioso en tu computadora. Este código luego se integrará en su disco duro y, sin que lo sepa, utilizará tu GPU para extraer bitcoins. Todo esto se hace de manera encubierta, utilizando procesos profundos en tu computadora, y al principio ni siquiera lo notarás. Al principio, cuando este código malicioso se anide en tu preciosa PC, no lo notarás.

Pero luego, a medida que su computadora continúe usando tu precioso poder de procesamiento para participar en estas acciones nefastas y preprogramadas, ¡la tensión de la minería de sus computadoras zombis surgirá en forma de una PC increíblemente lenta y en constante caída! Esto se ha convertido en un problema muy real para los inversores de Bitcoin en todo el mundo, y se estima que hay una verdadera milicia activa de estas PC zombificadas en toda la red de Bitcoin.

Aquellos que están a cargo de la plataforma Bitcoin todavía están tratando de encontrar la mejor manera de manejar esta amenaza, pero mientras tanto, puedes hacerles un gran favor. Si ves algún correo electrónico o mensaje de alguien que no conoces y no estás esperando, ¡ni siquiera lo abras! Como se mencionó anteriormente, estos correos electrónicos probablemente tienen enlaces llenos de códigos malicioso. ¡Así que evítalos como si fuera una plaga! ¡De esa manera evitarás que tu computadora se convierta en otro minero Zombie de Bitcoin!

Capítulo 10: Áreas Futuras de Oportunidad e Inversión en

Bitcoin

Es difícil creer que Bitcoin pronto cumplirá 10 años. Pero el tiempo avanza, y también lo hace la oportunidad. Y a medida que la tecnología, la cultura pop y la infraestructura civil convergen para hacer que Bitcoin sea aún más factible, se presentarán nuevas innovaciones en lo relativo a esta criptomoneda. Aquí, en este capítulo, describiremos todo el potencial futuro de oportunidades e inversiones en Bitcoin.

El Futuro del Comercio y las Inversiones con Bitcoin

Invertir con Bitcoin definitivamente tiene sus ventajas y desventajas, pero el mayor inconveniente sigue siendo la actitud de los proveedores oficiales de comercio. A pesar del rápido ascenso de Bitcoin hacia la cima, todavía hay una cierta inquietud, e inclusoprejuiciospor parte de los grandes minoristas y corporaciones, en lo que respecta a Bitcoin. Como resultado, Bitcoin a menudo ha sido relegado como un vehículo de almacenamiento de valor, de manera parecida a las acciones y bonos en lugar de una moneda real en sí misma.

Por tanto, la mayoría de los inversores solo guardan sus bitcoins con el deseo de acumular riqueza que algún día se pueda convertir en dólares. Incluso el código impositivo actual de los EE. UU. Refleja esta percepción popular de Bitcoin, el cual no se clasifica como una moneda sino como un activo, similar a los bienes raíces, acciones o bonos. Esta es la mentalidad que prevalece en la actualidad, pero también está evolucionando, y se estima que más de 80,000 compañías y corporaciones están realizando comercio directo con Bitcoin.

Y como inversionistas es posible que tengamos que prepararnos para el largo plazo, pero al final, esta es una tendencia ascendente, y solo continuará en el futuro a medida que las personas se sientan más cómodas con Bitcoin. Pronto, cada tienda en la esquina y cada sitio en el ciberespacio aceptarán bitcoins. Es cierto: no se puede detener el progreso, ¡pero es seguro que puedes invertir en ello!

Creemos en la Criptografía—La Creciente Fe Monetaria en Bitcoin

Desde la creación de Bitcoin en 2008, el mundo se ha recuperado de varias crisis y colapsos económicos. Pero Bitcoin ofreció algo, más que un grupo de banqueros gordos para supervisar nuestras finanzas, Bitcoin nos brindó una ecuación criptográfica matemática inmejorable. También nos dio la cadena de bloques y un medio para realizar transacciones seguras en todo el mundo, sin la supervisión de ningún banco central ni autoridad alguna.

Esta descentralización, a su vez, garantiza que no haya administradores corruptos detrás de la escena, lo que crea volatilidad e inflación mediante la manipulación de la moneda. No se puede imprimir Bitcoin, y hay una cantidad finita de ellos en circulación, por lo que la inflación es imposible. En comparación con otros sistemas monetarios inflados y tensos que se usan en la actualidad, muchos están experimentando un gran aumento en su fe monetaria en Bitcoin

La Flotación de Bitcoiny el Fondo de Cobertura Inflacionario

Si alguna vez has jugado con el mercado de valores, sin duda sabrás un poco sobre los fondos de cobertura. Estos baluartes financieros se ponen en marcha para crear un activo seguro de estabilidad en aguas financieras turbulentas. Estos activos han sido de todo, desde el sector inmobiliario y la joyería de alta gama, hasta el sector del gas, petróleo y carbón. Bitcoin también encaja bien como un activo estable para flotar a través del monzón de la agitación económica.

De hecho, Bitcoin es tan estable en aguas financieras con problemas que a veces se le conoce como el gran "Flotador de Bitcoin". Este toque adicional de capital de inversión es suficiente para la gente se estabilice durante las caídas significativas en la economía. Es un accesorio confiable durante la volatilidad. Bueno, en cualquier caso, no importa lo que pase, ¡puedes utilizar este dispositivo de flotación de Bitcoin para superar todo!

Hazte rico con Préstamos Directos

Si alguna vez sacaste algún préstamo estudiantil en la universidad, sin duda participaste en el extremo receptor de los préstamos directos. Recibiste un préstamo directo del gobierno para pagar tu matrícula. Pero Bitcoin hace las cosas aún más interesantes cuando lo usas para invertir en préstamos directos. Cuando inviertes en uno de los principales prestamistas de Bitcoin, "Bitbond", por ejemplo, puedes enviar préstamos a pequeñas empresas y realizar otras inversiones comerciales importantes, ¡solo con unos pocos clics del mouse!

Una vez que obtienes estos préstamos, puedes terminar haciendo un poco de dinero con los intereses que se acumulen. En el mundo de las finanzas y la inversión, el interés acumulado es el regalo que se sigue dando. No importa dónde te encuentres o lo que estés haciendo, como un cheque regular de regalías, ¡este interés le sigue dando sus frutos! ¡Adelante, amigos, y háganse ricos con préstamos directos!

Aprovecha las Oportunidades con un Buen Afiliado Bitcoin

Puedes ganar bastante una vez que tengas un buen programa de afiliados en tu esquina. Pero, ¿qué son los afiliados de Bitcoin y qué es lo que hacen? Los afiliados son una herramienta de marketing que los inversores pueden usar para ayudar a generar clientes potenciales para sus inversiones. Son como una empresa de publicidad que trabaja incansablemente para tu balance final. Si deseas obtener un seguimiento de tu inversión, definitivamente deberías buscar asociarte con un buen afiliado de Bitcoin.

Alistándonos Para la Economía de la Inteligencia Artificial

Nos guste o no, todo lo que sabemos sobre el mundo está a punto de emprender una transformación bastante interesante, y una combinación de Bitcoin e Inteligencia Artificial, también conocida como "IA", jugará un papel fundamental en ello. Y los inversores deben ser conscientes de que el próximo "internet de las cosas" es un verdadero cambio de juego. Cada hogar pronto será una red interconectada de objetos inanimados administrados por la IA.

Podemos ver a los precursores en forma de "Amazon Echo" y "Google Home", pero esto es solo el comienzo. Pronto todo en nuestro hogar será interactivo y conectado a la inteligencia artificial. Podrás levantarte, entrar a tu baño y decirle a su ducha "¡Agua caliente!" Y el agua caliente saldrá de turegadera. Lo creas o no, la mayoría de los analistas está de acuerdo, en un futuro muy próximo, casi todos los aspectos de nuestras vidas quedarán relegados a interfaces automáticas conectadas a la IA.

Esto también se aplicará fuera de la casa. Bajarás a tu tienda local de donas y hablarás con un robo-dron (tipo robótico del futuro) que trabaja en el mostrador, "me gustaría una dona crispy creme por favor" y el dron se escurrirá hacia la parte de atrás para traerte tu rosquilla su rosquilla crispy creme. Tienes que pagar por eso, pero este robot no tomará dinero, ¡ni siquiera tiene manos! ¡Pero tiene un gran código QR encima de su cabeza! ¿Entonces, Qué es lo que haces? Deslizarástu teléfono como un escáner de código de barras en la parte superior del tipo robótico.

Tan pronto como la aplicación del escáner de tu teléfono detecta el código QR, liberará la cantidad apropiada de bitcoins, y luego el robo-drone liberarátu rosquilla y serás libre de seguir tu camino, con su deliciosa crispy creme a tu alcance. El flujo de este comercio futuro es preciso y coherente, y todo buen inversor debe prepararse para la próxima economía de inteligencia artificial.

Capítulo 11: Algunas Opciones más Para tu Portafolio de

Inversiones en Bitcoin

A medida que llegamos al final de este libro, aquí en este capítulo me gustaría dedicar un tiempo a analizar algunas opciones de inversión adicionales que tal vez no hayas considerado y que tal vez no encuentres en otro lugar. Algunas de las ideas presentadas aquí pueden no resultarte adecuadas. Pero cuando se trata de tu cartera de inversiones, siempre debe dejar todas las opciones sobre la mesa.

Diversifica tu Portafolio con Monedas Alternativas

Sé que este libro trata de inversiones en Bitcoin, pero lo que la gente no entiende es que las monedas alternativas se pueden usar como una contra inversión efectiva y son una excelente manera de diversificar tu cartera de inversiones. De todas las monedas alternativas, Ethereum es probablemente la más popular de estas. Ethereum se divide en denominaciones individuales llamadas "ethers". Estas transacciones se mantienen luego en acuerdos contractuales a largo plazo entre el inversionista y el cliente.

Una cosa que a muchos les gusta de Ethereum es el hecho de que es una multitarea real que permite a aquellos que lo usan participar en más de una transacción a la vez. Por tanto, si eres un tipo ocupado como yo, podrías beneficiarte enormemente del uso de estas monedas alternativas. Solo toma el ejemplo de "Litecoin". ¡Esta Alt Coin puede agregar trozos de datos a la cadena de bloques en solo dos minutos! ¡Esto ciertamente supera el tiempo estándar de Bitcoin de diez minutos!

También puedes buscar otro tipo de moneda alternativa llamada "Master Coin", esta, por ejemplo, funciona como un pase maestro, que trata de optimizar cada transacción al máximo. La moneda maestra, como si fuera una clave privada, también funciona como un fondo de código abierto para el ajuste adecuado de otras monedas. Encontrarás que la clave maestra llamada Master Coin abrirá muchas más posibilidades para su inversión.

Sobre todo, el uso de monedas Alt es una excelente manera de diversificar tu cartera y, en última instancia, te ayudará a proteger tus inversiones de la incertidumbre. Digamos, por ejemplo, que combinastus Bitcoins con unoscuantosLitecoins; si el Bitcoin más adelante pierde un 20% en valor, es muy probable que tu inversión en Litecoin aumente para equilibrar la pérdida. ¡No inviertas en una sola canasta, usa monedas alternativas para diversificar!!

Fondos Negociados en Bolsa

Las inversiones en fondos cotizados en bolsa, también conocidas como "inversión ETF", sirven como una entidad profesional de supervisión. Los ETF no deben confundirse con los fondos mutuos, ya que este tipo de fondos son parte integrante de la bolsa de valores. Recientemente, en octubre de 2017, se anunció que los inversores de Bitcoin podrán tener su propia porción del pastel de la ETF, ¡incluso si no son propietarios de bitcoins! Como puedes ver, los fondos cotizados en bolsa siguen siendo una función extremadamente nueva del ecosistema de Bitcoin, ¡por lo que es el momento oportuno para subirse a bordo!

Realiza inversiones con Bit Connect

Otra gran opción de inversión para tu cartera de inversión de Bitcoin es "Bit connect". Simplemente descarga la aplicación desde bitconnect.com y tendrás un panel completo de opciones de inversión para elegir. Bit Connectte permite emplear robots comerciales especiales e incluso un "software de volatilidad" que te ayudará a evaluar tus transacciones diarias y maximizar tu margen de beneficio. ¡Así que asegúrate de mantener tus opciones abiertas!!

Conclusión: Todo en un Día de Inversión

Bitcoin no fue tomado muy en serio cuando se introdujo su concepto por primera vez. Algunos incluso lo compararon con el "dinero de Internet" que se transmite entre los nerds informáticos aburridos. Estos comentaristas mal informados solo revelaron cuán cortos de vista eran realmente. Ahora resulta bastante evidente que Bitcoin es mucho más que la versión de dinero de *monopoly* de algún geek informático.

En ese momento se consideró otra rareza de la era de Internet, pero la mayoría se mostraba reacio ante la idea de invertir en ella. Los pocos que invirtieron en ella recibieron burlas y mofas. Pero ahora que estos inversionistas ridiculizados se han vuelto ridículamente ricos con sus inversiones tempranas en Bitcoin, es seguro decir que han reído al último. Y su sorprendente éxito ha servido como un testimonio lo suficientemente poderoso y palpable para cambiar la mente de la mayoría.

Como resultado, estamos en medio de lo que podría denominarse una "fiebre del oro del siglo XXI", y ahora todos se apresuran a buscar la mejor manera de obtener beneficios de este nuevo y poderoso sistema financiero, aunque poco comprendido. Bitcoin ha demostrado ser rentable, pero la mayoría de quienes están dispuestos a invertir en él, todavía apuñalan en la oscuridad, y realmente no comprenden lo que se necesita para hacer que sus inversiones sean sólidas. A menudo todavía necesitan un pequeño empujón en la dirección correcta.

A pesar de la curva de aprendizaje a la que se enfrentan muchos inversionistas, Bitcoin sigue avanzando, sin embargo, y desde entonces ha incursionado en el comercio internacional en todas partes del mundo. Y ahora hay una buena razón para creer que Bitcoin podría algún día no solo convertirse en una buena reserva de valor para los inversionistas, sino que podría terminar siendo la primera moneda global del mundo. Los defensores de esta hazaña, argumentan que Bitcoin presenta una oportunidad única para prevenir la corrupción en todos los niveles de la sociedad. Aún queda un arduo trabajo por realizar, pero con Bitcoin, ¡es solo una inversión de un día!

Introducción: ¿Qué es el Ethereum?

Incluso mientras escribo esto, el mercado para Ethereum se está multiplicando por mil. Puedes pensar que estoy haciendo grandes declaraciones como esta solo para vender libros, pero si solo fuera por Google las devoluciones del año pasado y las previsiones para 2018, tendrías que estar de acuerdo conmigo. No hay duda de que Ethereum se ha metido en la burbuja de Bitcoin, pero fue la "cadena de bloques" la pieza central de la tecnología de Bitcoin (sí, es una tecnología), la culpable de que una plataforma como Ethereum realmente haya podido crecer.

El vehículo de la cadena de bloques a través del cual viaja una criptomoneda como Bitcoin, ha iniciado una revolución de todo tipo. Cambiando la forma en que se realizan todo tipo de transacciones y registros electrónicos. Esto está cambiando rápidamente todo, desde el gobierno y las finanzas, a la salud y el turismo. Nombra un área, y la cadena de bloques la afectará de alguna manera. Pero a pesar de que todas estas innovaciones son excelentes, generalmente existe un incentivo principal para involucrarse con algo como Ethereum, y ese incentivo es la ganancia financiera, simple y llanamente.

El zumbido de Bitcoin sigue sonando en los oídos de muchos inversores que están buscando la próxima ganancia proveniente de las criptomonedas. Algunos esperan que Ethereum sea lo que están buscando. Además de esto, también hay muchos que simplemente están interesados en las implicaciones antes mencionadas de la propia cadena de bloques. Estos participantes de Ethereum desean ser parte de la revolución que se preve tendrá lugar en un futuro.

Pero por donde quiera que lo veas, Ethereum es, en efecto, una criptomoneda por una parte y una innovación tecnológica por otra parte. Para el propósito de este libro, adoptaremos un enfoque doble y nos inundaremos con cada uno de estos ingredientes que conforman lo que es "Ethereum".

Capítulo1: Como Ethereum se Convirtió en Ethereum

Hace apenas unos años, en 2013, VitalikButerin, un escritor y programador canadiense, entendió el concepto de Ethereum a la tierna edad de 19 años. En ese entonces ya era un veterano entusiasta de Bitcoin, Buterin en ese momento intentaba perfeccionar la plataforma de Bitcoinagregando un nuevo lenguaje de scripting para el desarrollo de las aplicaciones, algo aparentemente que "Satoshi Nakamoto", el misterioso fundador del Bitcoin y la cadena de bloques, no había previsto.

La entidad de Bitcoin Nakamoto, quienquiera que sea, resultó no ser un profeta o un viajero en el tiempo (a pesar de que lo que afirmauna popular teoría conspiratoria), ya que fue incapaz de predecir esta necesidad. Y cuando VitalikButerin examinó los asuntos más de cerca, rápidamente se dio cuenta de que sería mucho más fácil simplemente crear una nueva criptomoneda basada en el modelo de Bitcoin que permitiera la creación de scripts en primer lugar. Aquí es precisamente donde entró Ethereum.

Con Ethereum Buterin no solo se abrió camino con la creación de un lenguaje de scripting preciso, sino que también pudo extender el poder de la cadena de bloques de una forma nunca antes imaginada. En lugar de simplemente crear una moneda digital que serviría como titular del valor de posición, Buterin ideó un medio para insertar todo tipo de registros, bienes, servicios y referencias en la bóveda de la cadena de bloques. Aquí, en este capítulo, analizaremos cómo se produjo esta evolución.

Ethery Ventas Masivas

Las unidades de moneda individuales utilizadas en Ethereum se conocen como "Ether". La primera instancia de este uso del Ether fue en una "crowd sale" (venta masiva). En el mundo de las criptomonedas, una venta al público, es similar a la financiación colectiva, excepto que, en lugar de aceptar donaciones, una venta masiva es una venta a gran escala de un nuevo producto para interesar al público, funcionando como una especie de inyección de refuerzo en el brazo para generar interés.

Es como un prototipo que permite la participación antes de que un producto esté en pleno funcionamiento. Las ventas, a su vez, ayudan en el avance del producto en sí. Así es como Ethereum se puso en marcha. Y todos los desarrolladores, inversores y entusiastas no han mirado atrás desde entonces. Fue la venta masiva la que ayudó a llevar a Ethereum alprimer lugar. Y desde entonces, este aspecto de la experiencia de Ethereum sigue siendo vital para su bienestar continuo.

Para participar en una venta de público por tu cuenta, simplemente debes ir a la página de la venta masiva, ve a la pestaña "datos" y revisatu "límite de gas". En Ethereum, un límite de gas es la cantidad asignada de ether involucrado en un contrato inteligente (hablaremos más sobre los contratos inteligentes aquí en breve). Luego puedes ir a la pestaña "cantidad" e ingresar la cantidad de ether que deseas depositar.

El Primer Debut de Ethereum
Ethereum llegó por primera vez al mercado de consumo el 30 de julio de 2015, y fue facilitado por una compañía llamada simplemente "Fundación Ethereum". Buterin como el creador de Ethereum, naturalmente fungía como el líder de la fundación. A diferencia de Bitcoin que, debido al completo anonimato de Satoshi Nakamoto, no tiene una figura centralizada, Ethereum se remonta directamente a su creador, VitalikButerin.

Aunque esto ha generado cierta ansiedad por el hecho de que Ethereum desarrolle una inclinación más centralizada que Bitcoin, no hay indicios de que el creador o los afiliados de

Bitcoin vayan a consolidar una predilecciónpor Ethereum en el corto plazo. No ha habido ningún asalto de poder, ni ningún otro movimiento unilateral por parte de los fundadores de Ethereum para hacer tales cosas sospechosas. Ahora, como en el día en que debutó, Ethereum ha sido una plataforma que resulta de los más sencilla para hacer negocios.

Y, desde su primer debut, Ethereum se ha alzado en el mundo de las criptomonedas digitales para ocupar el segundo lugar en popularidad después de Bitcoin. Ethereum se ha vuelto preferible para muchos debido a su facilidad de uso, su capacidad para realizar transacciones cada 5 segundos (¡Bitcoin toma 10 minutos!) Y la flexibilidad de su cadena de bloques. Si la tendencia continúa, Ethereum podría ser el principal contendiente de la batalla de las criptomonedas a solo unos años de su debut original en 2015.

El Uso de un Contrato Inteligente

A medida que Ethereum llegó a la fama, también lo hizo el contrato inteligente. En su nivel más básico, un contrato inteligente no es más que un poco de código de computadora que permite que los contratos se realicen a través de redes de computadoras de "ejecución automática". Puedes intercambiar casi cualquier producto con estos contratos de manos libres sin tener que usar ningún intermediario. El contrato inteligente es una verdadera innovación y uno los principales motivadores para la creación de Ethereum en primer lugar.

Para redactar un contrato inteligente, necesitas saber algo sobre programación, pero afortunadamente para nosotros, no tenemos que hacerlo. Ethereum se encarga de esto por nosotros. Un aspecto interesante de los contratos inteligentes es su capacidad para firmar otros contratos. Funciona en capas. Puede hacer un contrato en la superficie y luego varios contratos a continuación. Resulta que esto funciona fabulosamente para el mundo futuro impulsado por la inteligencia artificial del "Internet de las Cosas".

Verás, el Internet de las cosas es unaera proyectada para comenzar en un futuro cercano en el cual casi todos los dispositivos y dispositivos importantes de nuestra casa están conectados a través de Internet. Esto significa que podríamos tener situaciones en las que hablamos con todo en nuestra casa, desde el televisor hasta el refrigerador, y que nos respondan en tiempo real. Probablemente, esto hubiera sido difícil de imaginar hace solo unas décadas, fuera de la fantasía y la ciencia ficción. Pero pronto será una realidad, y el uso de contratos inteligentes ayudará a facilitarlo.

El Internet de las cosas tendrá negocios, corporaciones y hogares conectados como nunca antes. A través del poder de la cadena de bloques de Ethereum, la conexión entre diferentes objetos o cosas en su hogar se establecerá mediante contratos inteligentes especialmente diseñados.

La Máquina Virtual de Ethereum (EVM)

A cada dispositivo individualque forma parte de la red de Ethereum se le denomina "nodo". Al igual que con Bitcoin, estos nodos se extienden por todo el mundo en su propio tipo de ecosistema. De hecho, en Ethereum, todas las piezas del rompecabezas funcionan juntas de tal manera que forman lo que se denomina una "Máquina Virtual de Ethereum" o "EVM". Al igual que las piezas de un rompecabezas, o todas las partes de Voltron (¡realmente me feché con esa!) Que se juntan, estos nodos funcionan en conjunto como una computadora EVM gigante.

Esta computadora virtual crea el "entorno de ejecución" para todas las transacciones, llevando cada nodo su propia parte de estas. Estas EVM se han creado para aprovechar una gran cantidad de energía y recursos en red. Estas máquinas virtuales están trabajando para cambiar el mundo con un nodo a la vez. Puede sonar un poco cursi, pero una vez que experimentes el tremendo alcance y la capacidad de un EVM por ti mismo, llegarás a estar de acuerdo en que se trata de un activo poderoso.

Las Matemáticas del Ethereum

Al igual que Bitcoin, Ethereum es pura matemática. Utiliza una fórmula especial llamada "Merkle Patricia Tree". Esto se utiliza simplemente como un medio para almacenar información en la forma de lo que se denomina "claves". Estas claves sirven como marcadores de posición acortados para obtener información más compleja. Dicha clave solo se puede crear con una ecuación finita y lineal. Solo con la mera mención de las matemáticastal vez algunos de ustedes se estén estremeciendo ante la idea, pero no te preocupes, Ethereum hace todos los cálculos, la resolución de problemas y en general todo el trabajo pesado por ti.

La información de la transacción recibe un algoritmo único que se utilizará completamente al utilizar esa clave en el futuro. De esta manera, el sistema puede ser muy específico para el usuario, y ningún nodo de datos necesitará la transacción completa para avanzar, sino que se realiza con una pieza a la vez. Estos nodos funcionan sobre una base de "necesidad de saber", o como me gusta llamarlo, una base de "necesidad de hacer un nodo". En cualquier caso, estos nodos son perfectamente capaces de llevar a cabo tus negocios con un poco de la ayuda del protocolo de Ethereum.

Los contratos inteligentes se encuentran en un sólido código informático y nada cambiará eso. Se estima que estos libros de contabilidad ahorrarán a las personas hasta 20 mil millones de dólares al año. También ayuda a proteger a las instituciones bancarias de los ciberdelincuentes y sus actividades. No es magia, amigos, *son matemáticas.*

¿Cuál es el Valor de Ethereum?

A partir de 2017, una unidad de éter vale $ 420 (más o menos unos pocos centavos). Se sabe que el valor de Ethereum fluctúa violentamente en cortos períodos de tiempo, fluctuando hasta en un 25%. Es por esta razón que algunos se involucran en inversiones rápidas conocidas como "transacciones diarias" para poder comprar mientras que el precio de Ethereum es bajo y venderlos cuando el presi suba hasta el techo. Discutiremos todas estas prácticas y métodos mucho más en profundidad más adelante, a medida que avancemos en este libro. Ethereum es un producto muy valioso en más de un sentido.

Capítulo 2: Comenzando con lasBilleteras y Clientes de Ethereum

Este capítulo se centra en el comienzo con Ethereum. Aquí aprenderás a comprar, almacenar y salvaguardar tus activos de Ethereum. Aquí aprenderás la premisa de conceptos como carteras Ethereum y clientes Ethereum, y cómo aprovecharlos al máximo para tus inversiones. Estamos a punto de entrar en profundidad, amigos, ¡así que prepárense!

AlmacenandoEtheren Billeteras

El mejor lugar para almacenar todas esas unidades de Ethereum ganadas con tanto esfuerzo es en una billetera. No una del tipo físico, como tal vez pienses, estamos hablando de una billetera que solo reside en el ciberespacio. La billetera es el repositorio en línea de tus direcciones, o como se denominan, "claves privadas". Estas claves consisten en una larga cadena de números y letras elegidas al azar y sirven como contraseña para desbloquear el alijo de Ethereum.

Puedes descargar aplicaciones para carteras digitales directamente desde plataformas de intercambio como Coinbase. Una vez descargada, cualquier dirección de ether asociada con tu billetera aparecerá en la lista como "wallet.dat.file". Luego podrás acceder a estas billeteras cuando te conectes y trabajes simplemente ingresando con un nombre de usuario y contraseña. Luego necesitarás su clave privada o una firma digital (discutiremos eso más adelante en el libro) para continuar.

Y si bien esta facilidad de acceso puede ser atractiva, la seguridad se convierte en una preocupación cada vez que te conecta a Internet para cuidar tusether. Solo considera lo que le sucedió al ex CEO del principal sitio de intercambio de criptomonedas "Mt. Gox". Esta plataforma se detuvo por completo cuando un delincuente cibernético logró robar las credenciales de inicio de sesión del Sr. Karpeles. ¡Si le pudo pasar a él, te puede pasar a ti!

Por lo tanto, asegúrate de mantener seguras tus billeteras, tus claves privadas y todas las demás credenciales. Debes pensar en tus billeteras digitales de la misma manera que lo harías con una billetera física. ¿Dejarías una billetera física llena de dinero en efectivo en un banco del parque? Tampoco debes dejar tu billetera digital igualmente desatendida. No tengas miedo de guardar tu ether en una billetera, solo asegúrate de llevar un registro de estos.

Y una de las maneras más fáciles de hacer un seguimiento de tu billetera sería utilizar programas de billetera como los que encontrarás en sitios como "Github". Una vez que se descarguen este tipo de programas de billetera, podrás rastrearlos fácilmente. En Github, simplemente haces clic en MyEtherWallet y lo descargas directamente en tu escritorio. Puedes guardar y realizar un seguimiento seguro de tu ether desde aquí.

Poniendo tu Billeteraen Varias Formas de Almacenamiento en Frío

Es debido a este riesgo, que algunos prefieren almacenar sus carteras completamente en almacenamiento en frío. ¿Qué es el almacenamiento en frío? El almacenamiento en frío simplemente se refiere a cualquier información almacenada fuera de línea. Si tienes archivos y claves para tu billetera almacenados en una memoria USB que nunca ha estado expuesta a Internet, está almacenada en frío.

Un medio para mantener una billetera a salvo de los estragos de Internet es mediante el uso de la "billetera de papel". Las billeteras de papel son, como podrías imaginar, simples pedazos de papel en los que has garabateadotus direcciones de

Ethereum. Puesto que estas direcciones se mantienen alejadas de Internet, no corren el riesgo de verse comprometidas. Estas claves privadas están seguras, ya que no están expuestas a los peligros del ciberespacio.

Otrométodo sencillo en la búsqueda de almacenamiento fuera de línea es la "billetera cerebral" ¡Este método implica simplemente memorizar la información de tu billetera en tu cerebro! Sí, Con toda la cantidad de memoria con que contamos, si puedes simplemente memorizar las claves de tu billetera Ethereum, ¡sería mucho mejor!!

Utiliza una Billetera de Hardware

Las carteras de hardware son unidades independientes que pueden conectarse a tu dispositivo para almacenar claves privadas para su Ethereum. Mientras el dispositivo esté fuera de línea, no existe ninguna amenaza de que tus claves se vean comprometidas. Se pueden colocar firmas transaccionales en el dispositivo mientras está fuera de línea, antes de volver a enchufar la billetera de hardware. De esta manera, la única vez que estarásexpuesto a cualquier riesgo es cuando el dispositivo está enchufado. Y si tienes un buen programa antivirus, incluso este riesgo puede mitigarse.

Dicho esto, estos dispositivos tienen una buena combinación de conveniencia y seguridad. Son muy fáciles de usar: solo tienes que conectarlos a tu USB, y siempre que tengas programas antivirus actualizados en tu PC (o cualquier dispositivo que estés utilizando) cuando lo conectes, su Ethereum debe permanecer bastante seguro. Si eres propenso a viajar mucho de un lugar a otro, tener una buena billetera de hardware sería una buena opción para ti. Solo empácalo en tu mochila y ponte en marcha.

Usando una Billetera Híbrida

La billetera que realmente parece tener lo mejor de ambos

mundos cuando se trata de conveniencia y seguridad, es la "Billetera híbrida". Esta billetera utiliza tanto el almacenamiento en frío como el caliente al tener un dispositivo que se conecta y realiza transacciones, junto con un dispositivo independiente que permanece fuera de línea y simplemente se utiliza para almacenar claves privadas. Las claves se elaboran fuera de línea para que no entren en contacto con Internet hasta que decidas utilizarlas. La billetera híbrida es una excelente opción para mantener tu Ethereum seguro. Si necesita una buena combinación de estructura y facilitación, la billetera híbrida es el camino a seguir.

Obtén tu Cliente Ethereum

Trabajar en conjunto con tu billetera Ethereum es tu programa de cliente Ethereum. Encontrarás una gran cantidad de clientes, cada uno escrito en su propio lenguaje de scripting único. Luego se utilizarán varios valuadores para determinar su voracidad. Puede tomar un poco de experimentación para descubrir qué es lo que podría funcionar mejor para ti, pero debe haber un cliente que se adapte a sus necesidades. Un cliente de Ethereum puede ayudarte a completar su experiencia completa con Ethereum.

Aquí hay algunos ejemplos rápidos de clientes de Ethereum:

- Ethereum (J)
The (J) en Ethereum (J) se refiere al hecho deque este cliente Ethereum utiliza Java script.
- EthereumH
Este cliente Etheriumse especializa en programaciónescrita con Haskell script.
- Go-Ethereum
Frecuentemente conocido como "geth", este clienteutilizael scripting proporcionado por "Google Go". Go-Ethereum es enormemente popular hasta el momento. Muchos están

gratamente impresionados con el hecho de que Go-Ethereum proporciona su propia capacidad de minería al mismo tiempo que crea acuerdos contractuales y facilita las transacciones. Un verdadero multitarea: Go-Ethereum puede ser tu tipo para tu cliente de Ethereum.

- Parity

Este cliente tiene una clave bastante baja, dejando su huella en un lenguaje de scripting basado en Mozilla denominado "Rust".

- Pyethapp

Creado por la siempre adaptable programación "Python", Pyethapp se engancha con el EVM utilizando toda su capacidad para la minería y todo lo demás.

- Ruby-Ethereum

Éste utiliza las aplicaciones web de Ruby Red para crear un lenguaje de secuencias de comandos único para tucliente Ethereum.

- Cpp Ethereum

Este fue un cliente de C ++ desarrollado por el programador e innovador de EthereumChristian Reitwiessner.

- Ethereumjs-lib

Esta es otra versión más de un cliente Ethereum que ejecuta javu script.

Capítulo 3: Acostumbrándote a la Cadena de bloques

Como se mencionó anteriormente en este libro, Ethereum usa un libro de contabilidad público llamado "cadena de bloques". Es esta cadena de bloques la que facilita el movimiento en el ecosistema Ethereum. Tomemos ahora un tiempo para examinar el funcionamiento interno de esta cadena de datos en bloque. En este capítulo examinaremos qué es lo que hace que la cadena de bloques sea tan útil y cómo puedes hacer uso de ella.

Poniendo Nuestra Confianza en la Cadena de Bloques

La tecnología de la cadena de bloques como la conocemos, comenzó con Bitcoin. Fue creada casi como una idea de último momento simplemente para facilitar la necesidad de un movimiento seguro y rentable de Bitcoin. Al relegar todo en sólidos bloques de datos encadenados de nuevo a la fuente, o "bloque de génesis", la cadena de bloques creó una nueva revolución en la forma en que se pueden realizar las transacciones, no solo de Bitcoin, sino de cualquier tipo (incluido Ethereum).

Si existe la necesidad de una transacción basada en la confianza, la sólida confiabilidad de la cadena de bloques satisface perfectamente la necesidad. La confiabilidad que proporciona la cadena de bloques no es diferente a la fe que alguien pondría en un confidente cercano. La cadena de bloques en este sentido es tu amigo fiel, ya que puede guardar un secreto. Puede mantener seguros sus datos personales y, al mismo tiempo, mantener una cadena ininterrumpida desde el principio hasta el final de su transacción, tal como aparece en la cadena de bloques.

La cadena de bloques toma las cosas a su valor nominal y, sin ningún chanchullo, mantiene lo que debe mantenerse por el bien de tus registros y transacciones sin complicaciones, pero no divulga ninguna otra información innecesaria. A diferencia del chismoso del barrio que distribuye tus datos por todo el lugar, la cadena de bloques es un depósito seguro de tu información más valiosa. ¡La cadena de bloques es un buen amigo de hecho!

Tu Primera Transacción con la Cadena de Bloques

En las líneas de datos vinculadas que preside la cadena de bloques, cada una de ellas tiene un hash. Esto no debe confundirse con las etiquetas hash que vemos tan a menudo en Twitter, porque en realidad, ¡el hash de los datos que se almacenan en la cadena de bloques tiene casi tanto en común con las "etiquetas hash" como los "hash -browns"! En el sentido más estricto de la palabra, cuando nos referimos a un hash de datos en la cadena de bloques estamos hablando de la identificación de las transacciones con una marca de tiempo.

El proceso de hash utiliza la cadena de entrada de una transacción y luego la ejecuta en un algoritmo especializado exclusivo de ese hash. Esto funcionará para garantizar que tu primera transacción, así como tu última transacción con la cadena de bloques, permanezcan seguras. El hash es la base criptográfica que hace que la cadena de bloques sea tan exitosa. Simplemente no hay manera de que alguien pueda fabricar la singularidad de esta función hash. Les sería imposible hacerlo.

Esto crea una situación en la que tus datos son fácilmente reconocibles dentro de la cadena de bloques y, sin embargo, son seguros y se encierran firmemente detrás de la pared impenetrable del hash. Si la mecánica de esta característica aún no tiene sentido para ti. Solo imagínalo así. Imagina que la cadena de bloques consiste en una serie de bloques de vidrio grandes, transparentes, todos unidos entre sí. Dentro de cada uno de estos grandes, ver a través de bloques están los datos de una transacción, vinculados a todas las transacciones anteriores.

Los datos tienen una marca de tiempo y se pueden ver claramente a través del bloque. Pero a pesar de que se pueden ver fácilmente, están bloqueados firmemente dentro de este bloque de vidrio translúcido, sin que nadie pueda eliminar los datos. Como un barco en una botella, una vez que entran, ¡no salen! Esta seguridad es hermética, pero la comodidad de acceso, es lo que puedes esperar al realizar tus primeras transacciones en la cadena de bloques.

El Factor de Participacióndel Libro Mayor Público de la Cadena de Bloques

La cadena de bloques está absolutamente construida para compartir, y tiene un registro perfecto de que lo hace. El punto central del libro mayor público de la cadena de bloques es que todo es público y está disponible para cualquier persona que necesite acceder a él. De esa manera, si alguna vez hay alguna pregunta o disputa sobre una transacción, todo lo que se tiene que hacer es regresar a la cadena de bloques para rectificarla.

No importa dónde te encuentres o a qué hora del día surja la disputa, gracias a Internet, puedes acceder fácilmente a la cadena de bloques para encontrar una solución. Esto significa que los usuarios podrían estar en dos lados completamente opuestos del planeta y seguir viendo la misma información, pertinente a la misma transacción. No solo eso, puesto que Ethereum es de código abierto, permite que toda la comunidad de Ethereum realice los cambios necesarios que se puedan requerir en el camino. Este es el factor de participación del libro mayor público de la cadena de bloques en el trabajo.

El Consenso de la Cadena de Bloques

Cualquiera que haya invertido su tiempo o dinero en un proyecto de cualquier tipo, sabe cuán importante puede ser el crear un consenso, y esto también es definitivamente cierto en la cadena de bloques. Este consenso se proporciona en forma de firmas múltiples, y una prueba de compra para verificación, y aún más importante en lo que respecta a Ethereum, se crea consenso con "contratos inteligentes".

Básicamente, un contrato inteligente consiste en casi cualquier acuerdo que mueva transacciones a lo largo de la cadena de bloques. Cada contrato inteligente es una línea de código de computadora utilizada para representar cualquier producto determinado, ya sea que se trate de bienes raíces, acciones de la compañía o efectivo, el contrato inteligente utiliza el código para representar el movimiento de ese producto en la cadena de bloques. Este movimiento no se puede hacer sin que todas las partes involucradas firmen el acuerdo. Este acuerdo sirve de consenso a la cadena de bloques.

El Extremo de Negocios de la Cadena de Bloques

La cadena de bloques ha tomado por asalto el mundo de los negocios, esto debido a su facilidad de uso y diseño seguro. Encontrarás que, en el extremo comercial de la cadena, algunos de los inconvenientes más tradicionales de las grandes empresas, como la fricción en el mercado y las transacciones de larga distancia, se reducirán considerablemente. Al igual que la implementación de los teléfonos y la Internet, lo cual redujo distancia y la disparidad, la llegada de la cadena de bloques está uniendo al mundo de los negocios como nunca antes.

Con la cadena de bloques, nunca tendrás que preocuparte por quién está en el otro extremo de la transacción, todo es abierto y transparente, y con el soporte y el registro sólido de la cadena de bloques no hay forma de que puedas ser estafado. ¡Con sus disposiciones simplificadas, elegantes y seguras, el extremo comercial de la cadena de bloques crea una experiencia verdaderamente fantástica para todos los negocios realizados con Ethereum y más allá!

Prueba de Trabajo versus Prueba de Participación

Originalmente, la minería Ethereum funcionaba sobre una base de "prueba de trabajo" similar a Bitcoin, pero recientemente se ha cambiado a una plataforma de "prueba de participación". Emitida por el fundador, en 2017 se envió una nueva directiva que explica cómo se implementaría un algoritmo de "prueba de participación" llamado "Casper" para aprovechar al máximo las transacciones de Ethereum.

La Prueba de trabajo en una criptomoneda como Bitcoin depende de que alguien resuelva un problema aleatorio para probar que la transacción se ha resuelto. Sin embargo, esto requiere una gran cantidad de recursos computacionales, mientras que la prueba del sistema basado en la participación detiene este sangrado de recursos. En lugar de esperar los resultados de un bit de datos extraídos, alguien asume el trabajo de "validador".

El validador es el que tira los dados y, tomando algo de su propio Ethereum, arroja algo de dinero en el pozo, colocándolo como garantía para quien complete el siguiente bloque de datos. Y cuanto más dinero se coloca en participación, más énfasis se pone en completarlo. Al completarse con éxito, quien que lo completó será recompensado, pero si el bloqueno se completa de manera correcta, la participación desaparece de la escena por completo.

Capítulo 4: Minería de Ethereum

Cuando comienzas con Ethereum, puedes pensar que hay "algo en el éter". Pero todo lo que necesitas hacer es *minar ether*. Sí, al igual que con Bitcoin puedes minar Ethereum. Hay problemas complejos que deben resolversea través del proceso de mineríapara que las transacciones se realicen. En este capítulo exploraremos todas las formas en que puedes obtener tus propiosether a través de la minería.

Consiguiendo tu propioMinero de Bits

La minería deether requiere que encuentres una solución para un problema complejo, y cada vez que la respuesta está completamente en el aire, la única forma de descubrirla es mediante el proceso de eliminación, el cual se lleva a cabo a través de la minería. Las transacciones no pueden avanzar hasta que te encuentres con Ethereum Gold y descifres el código de los dígitos aleatorios necesarios para completar dicho bloque de datos transaccionales.

Y para hacer esto, lo primero que debes hacer es conseguir un buen "minero de bits". La frase se presta a sí misma para Bitcoin y tiene el mismo propósito para Ethereum que para Bitcoin. El minero de bits es un programa que permite la extracción automática de la cadena de bloques. Este software sirve para proporcionar asignaciones de hash al minero y luego a la cadena. Está disponible tanto en Windows como en Mac, y su acceso suele ser gratuito y sin restricciones.

Después de la instalación de tu minero de bits, tendrás que hacer un inventario rápido de la velocidad de hash de tu PC. Esto determinará qué tan rápido su minero de bits podrá extraer los etherpara ti. Deberías poder ver toda esta información en el panel de control de tu aplicación de minero de bits. Aquí también podrás observar el progreso de su minero de bits en tiempo real.

Muchos han optado por tener una aplicación de minero de bits instalada en su teléfono también. De esa manera, controlar tu minero de bits es tan fácil como mirar la pantalla de tu teléfono inteligente, y nunca estarás demasiado lejos de tu pequeña operación minera. Pero conseguir tu propio minero de bits es el primer paso en el proceso.

Reforzando el Hardware de tu Plataforma de Minería

Al principio, la mayoría de los aspectos de la minería, ya sea Bitcoin, Ethereum u otra cosa, se llevaban a cabo con la potencia de procesamiento de la CPU de una PC. Cada computadora personal o dispositivo similar tiene una CPU (unidad central de procesamiento) que dirige la forma en que su computadora procesa las aplicaciones y las acciones que se llevan a cabo en su PC. Si alguna vez has tenido el privilegio de hacer una maniobra práctica de "Control-Alt-Eliminar" en una PC para ver tu "administrador de tareas", has observado tu CPU en acción.

Si alguna vez has tenido una PC lenta, probablemente hayas ejecutado este comando para ver por qué la velocidad de procesamiento de tu computadora se está ejecutando tan lentamente. Con el administrador de tareas detenido, puedes examinar todos los comandos y procesos que lleva a cabo la CPU de tu sistema. Para una PC que se ha visto abrumada con demasiadas tareas para procesar, el tiempo de ejecución general del sistema se ralentizará. Es por esta razón que puede que se encuentre cerrando programas en tu administrador de tareas. Esto es para que puedas darle a tu CPU sobrecargada un respiro muy necesario.

Hoy en día, con todos los elementos contenidos en la placa de una CPU, la mayoría simplemente no es capaz de manejar la carga adicional de minería para Ethereum, e incluso si tiene la capacidad, la velocidad similar a la de una tortuga con la que lo hacen no valdría la pena. Es por esta razón que se requiere un hardware mejor y más rápido. Fue para este propósito que la utilización de la unidad de procesamiento gráfico, o hardware "GPU" de las computadoras de minería, entró en boga por primera vez. Dado que el pan y la mantequilla de una GPU es para procesar gráficos, el uso de GPU para minería presentó al principio una mejora significativa.

Pero no pasó mucho tiempo para que las GPU, tan buenas como son, fueran superadas por las "FGA". Y no, FGA no es sinónimo de la Asociación de alimentos y botanas, significa "Arreglos de puertas programables en campo". Estos FGA son capaces de programar las puertas de enlace de "bloque lógico" de la cadena de bloques para resolver problemas más rápidamente. Y no mucho después de la introducción de Arreglos de Puertas Programables de Campo, el siguiente paso en la evolución de la minería fue el uso de ASIC (hemos usado casi todo el alfabeto ahora).

ASIC significa "Circuitos integrados de aplicaciones específicas", y es el ASIC el elemento que trabaja para agilizar e integrar aún más todos los aspectos del proceso de minería. Si tus intenciones de creartu propio equipo de minería son serias, debescontar con el hardware adecuado para respaldar estas aspiraciones. Conoce sus opciones para poder reforzar tu plataforma de minería con lo último en hardware y tecnología.

Intégrate a un Grupo de Minería

Con el interés tan masivo actualmente existente en la minería para Ethereum, ir solo en el mundo de la minería podría ofrecerte algunas elecciones bastante escasas. Es por esta razón que los entusiastas de Ethereum han decidido unirse y unir fuerzas en lo que se conoce como "grupos mineros". Unirse a dichos grupos en su búsqueda de Ethereum te permitirá no solo aumentar la velocidad con la que se extrae tu ether, sino que también te ahorrará recursos valiosos como la electricidad.

Sí, tu factura eléctrica tiende a aumentar cuando tu única PC está siendo forzada a minar ethers las 24 horas del día. El grupo de minería lleva a varios operadores a bordo en una red, y al final del día, los ingresos obtenidos se reparten entre cada miembro del grupo. Al unirte a un grupo minero de Ethereum, puedes ahorrarte gran parte de la carga y los gastos que de otro modo engendraría.

Minería de Ether Basada en la Nube

El desarrollo de la fuente de poder del ciberespacio conocida como la "Nube" ha cambiado la forma en que se hacen muchas cosas. Ser capaz de utilizar el poder de procesamiento de varias computadoras conectadas en red a través de Internet en lugar de simplemente lo que está debajo de tu propia PC, ha ayudado a maximizar la productividad en muchas áreas del desarrollo empresarial y tecnológico. Hay poder en los números, y cuando agregasunas cuantas millones de computadoras en red, ese poder se vuelve bastante evidente.

Del mismo modo, lo mismo se puede decir cuando se trata de la extracción de ether. La utilización de potentes procesadores basados en la nube puede aumentar considerablemente la velocidad con la que etherse mina. También aliviará la tensión en nuestro propio hardware y reducirá tus facturas de servicios públicos en el proceso. Al utilizar una plataforma de minería basada en la nube, también podrás librarte de tener que realizar cualquier mantenimiento en tu operación, ya que todo se manejará en la nube. Amazon EC2 es actualmente el grupo de minería basado en la nube más popular que se está utilizando para extraer Ether, así como Bitcoin.

Capítulo 5: Comprando, Vendiendo, Intercambiando y AlmacenandotusEther

Ahora que has decidido obtener tus propiosether, debes decidir qué hacer con ellos. Y si decides invertir en comprar más, vender los que tienes, comerciar o simplemente almacenar los que ha acumulado, hay algunas opciones que debes conocer. ¡Mantén tu oreja pegada al suelo y tus ojos bien abiertos, porque este capítulo contiene los consejos que necesitas para tener éxito!

ComprandoEther

La forma más sencilla (y me refiero a la más fácil) de comprar tus primeras unidades de Ethereum es descargar la aplicación "Coinbase" dewww.coinbase.com. Coinbase es un GDAX oficial (sí, "suspiro" más letras) para Ethereum. ¿Qué es un GDAX,te preguntarás? Ok, permítame explicarte: un GDAX es un grupo de "intercambio global de activos digitales". Estas son plataformas de intercambio global que te permiten comprar, vender e intercambiar criptomonedas como Ethereum, y Coinbasees la plataforma más grande y reconocida de todas.

Las criptomonedas como Ethereum también se pueden almacenar en Coinbase, cuya plataforma funciona como una billetera digital gigante. Sin una plataforma de minería, o incluso su propia billetera personal, un principiante que desee probar las aguas puede comprar sus primerosether a través de un GDAX como Coinbase, y luego también guardarlos allí. Si estás comprando sus primeras unidades de Ethereum, por simplicidad, puedes comenzar tu inversión aquí.

Todo lo que tienes que hacer para comprar criptomonedas con Coinbase es crear una cuenta personal básica, asignar un número de tarjeta de débito y usarlo para comprar criptomonedas como lo harías con algún otro elemento en

Amazon. Si no deseas hacer nada más con tusether, simplemente puedes comprarlos de esta manera y luego almacenarlos, de esa manera, involucrándote en el método apropiadamente denominado "comprar y mantener".

En el pasado, hubo muchos que se enriquecieron con Bitcoin a través de este método, y muchos más ahora esperan poder beneficiarse de Ethereum de la misma manera. Y ahora que Ethereum está a salvo por encima de los $ 400 y se espera que continúe aumentando en valor, las perspectivas de enriquecerse en Ethereum se han incrementado a la par. Nunca ha sido un mejor momento para comprar ethers.

VendiendoEther
Existen varias formas mediante las cuales puedes vender los ether que has acumulado; la metodología más popular es a través de un intercambio en el sitio web Coinbase, mencionado anteriormente. Aquí puedes vender tus unidades de Ethereum directamente a una tasa competitiva. También puedes vender directamente a otras plataformas, como Kraken, Proloniex y Gemini. Además de estas plataformas de intercambio, la forma más inmediata de vender tu éter sería hacerlo a la antigua usanza; cara a cara.

Si anhelas el toque personal, siempre puedes optar por reunirte con un compañero entusiasta de Ethereum y vender o negociar con ellos, allí mismo en el lugar. Para algunos, este método es preferible ya que realmente pueden ver e interactuar con la persona a la que van a vender susether. Pero ten cuidado con la cotraparte: nunca debes acordar reunirte con alguien que no conoces en tu casa o en algún otro lugar aislado, en lugar de eso, siempre debe realizar estas transacciones a la intemperie, donde haya varios testigos.

De esa manera, puedes estar seguro de que la persona con la

que está tratando es legítima, y como la mayoría de los delincuentes no suelen robar a la gente en medio de una cafetería concurrida (o donde quiera que decidas ir), puedesconfiar enque estarás seguro. Y si por alguna razón alguien te sigue insistiendo para que te reúnas con él en privado, explica tu preocupación y, si persisten, rechaza su amabilidad. Es mejor prevenir que lamentar.

Estos intercambios de persona a persona pueden completarse enviando ethers directamente a la clave pública del destinatario (dirección). Es mejor usar un depósito en garantía para retener su éter hasta que se complete la transacción. De esa manera, se puede guardar el dinero de manera segura en una cuenta de terceros intocable hasta que ambos acepten los términos del intercambio y los firmen. Y cuando decimos "firmar", nos referimos a la "firma múltiple" que Ethereum utiliza para garantizar la legitimidad de las transacciones.

IntercambiandoEther

En lugar de comprar o vender éter, hay mucho que se puede ganar a través del comercio. ¿Y cómo intercambias Ethereum? Para ser efectivo en el comercio, tendrás que crear alertas especializadas en tu plataforma de intercambio para que puedas controlar los altibajos del valor de Ethereum. Algunas de estas operaciones pueden seguir la subida y la caída del valor de Ethereum durante varios meses, pero si deseas intentar obtener una ganancia más rápida, puedes participar en lo que se conoce como "Día de Comercio".

Tan maravilloso como pueda sonar, el día de comercio es el acto de comprar y vender éter a diario. Con este método, no estás intentando comprar y mantener, con la esperanza de que el valor aumente, en cambio, estás lanzando sus compras de éter como papas calientes, con la esperanza de que algo se pegue. Algunos se refieren a esto como "apuesta" o "transacciones de casino", ya que es un negocio que puede tener éxito u ocasionar pérdidas, pero esto no disuade a miles de comerciantes del día que participan en la práctica, ¡a falta de una palabra mejor, durante todos y cada uno de los días!

El día de comercio no es tan azaroso como algunos han descrito. Por el contrario, este método de comercio ha sido hábilmente utilizado por algunos comerciantes expertos, que simplemente mantuvieron una vigilancia lo suficientemente cerca del mercado, para poder comprar éter y esperar hasta que alcance su máximo de 24 horas, y comercializarlo para obtener una pequeña ganancia. Si esto se logra con éxito día tras día (de nuevo, por falta de una palabra mejor), el día de comercio Ethereum se sumará rápidamente a algunas grandes ganancias.

Capítulo 6: Utilizando lasDApps

Ethereum utiliza varias aplicaciones descentralizadas, más conocidas como DApps, que ayudan a facilitar la actividad en la red. Las DApps son relativamente nuevas, pero, sin embargo, han significado un cambio de juego, creando varias innovaciones fascinantes dentro del marco general de Ethereum. Los rasgos integrales de una buenaDApp son; Código abierto, descentralizado, incentivado, que debe cumplir algún protocolo. Que son descentralizadas es bastante obvio.

Pero lo que sorprende a algunos es que las DApps son de código abierto, lo que significa que cualquiera puede cambiarlas a voluntad. Pero el problema es que estos cambios no entrarán en vigencia a menos que se haya alcanzado un consenso entre los usuarios que reconozca el valor y la necesidad de promulgar ese cambio. Así es como podemos evitar que cualquier Joe Blow salga a la calle y se vuelva loco con el código de fuente abierta haciendo cambios inadecuados en el software. Estas DApps también deben tener algún tipo de incentivo adjunto para que los usuarios se animen a evaluarlas.

Lo creas o no, algunos incluso han creado un juego derivado de esto. Se llama "Etheria" y se encuentra en un mundo pixelado estilo Sims. Los evaluadores logran su objetivo y suben de nivel al mismo tiempo. ¿Quién hubiera pensado alguna vez que un aspecto importante de las finanzas dependería de un grupo de jugadores en línea? Es un mundo interesante en el que vivimos. Y aquí, en este capítulo, exploraremos algunas de las mejores DApp que Ethereum tiene para ofrecer.

TheGolem Project

Este DApp se creó hace un par de años y, mientras tanto, los entusiastas de Ethereum han estado trabajando para que los inversores dediquen parte de la capacidad de procesamiento de su PC a estaDApp. Esto es con la intención de crear una red de computadoras descentralizadas que conformen una máquina virtual gigante. El objetivo a largo plazo y el objetivo declarado de sus creadores es conectar todos los dispositivos del planeta para crear una Internet verdaderamente descentralizada. Esto puede tardar un tiempo todavía, pero mientras tanto, esta aplicación es muy popular entre los entusiastas de Ethereum.

BAT DAap

Suena casi como una especie de salsa para mojar hecha de carne de murciélago molida, pero puedo asegurarle que laDAap de BAT no es nada de eso. Al basarse en "Token de atención básica", un BAT se usa para literalmente correr la voz. BAT en realidad utiliza un navegador de internet privado especial para seguir todas las transacciones. Esto se hace bajo total anonimato, asegurándose de que nunca se filtre información de identificación personal, incluso cuando los datos específicos del usuario se envían a través de un canal seguro a los vendedores potenciales.

Estas DAap están diseñadas para hacer tu vida más fácil, no más difícil, así que no hagas las cosas más difíciles de lo que son. Depende del usuario de Ethereum si opta por permitir esta extracción de datos personales en su nombre, y si eligen hacerlo, recibirán una compensación con más oportunidades de brillar en la cadena de bloques. Utiliza BAT DAap para simplificar toda tu experiencia con Ethereum.

Augur

Augur es unaDAppmaravillosamente poderosa,ya que busca reunir las ideas en el mercado más especulativo con el tremendo alcance presentado por una cadena de bloques que se extiende a lo largo de un ecosistema completamente descentralizado basado en el Ethereum. Esto está creando la tormenta perfecta para el advenimiento de lo que los inversores denominan un "super-pronosticador" que es capaz de navegar por las aguas más turbulentas para obtener ganancias y recompensas tremendas.

Melonport
Esta útil DApp ayuda a facilitar la gestión de activos digitales. Quienes la utilizan pueden crear sus propios métodos de gestión estratégica. La DAap de Melonport aprovecha al máximo el avance tecnológico de la cadena de bloques y lo utiliza para fomentar una competencia sana y el diálogo entre los usuarios. Y en un sentido comercial muy realista, ayuda a reducir los costos y elimina las barreras que podrían limitar tus opciones de inversión. Pero aún mejor que todo esto, Melonport aprovecha al máximo la naturaleza del código abierto de Ethereum, permitiendo a los usuarios participar mediante comentarios en el mundo real.

Status
Para aquellos de ustedes que disfrutan mantenerse al día con sus inversiones en Ethereum a través de su teléfono móvil, laDAapde Status debería ser de particular interés para ti. Con estaDAap, básicamente puedes transformar todo tu teléfono en un nodo independiente del ecosistema Ethereum. Esto es beneficioso para ti, ya que mientras tengastu móvil convertido en nodo, tendrás acceso instantáneo a la red Ethereum en su totalidad. EstaDAap también sirve para agilizar todos los contratos inteligentes y todas las demás transacciones que se lleven a cabo entre los usuarios. ¡Ahora dame un poco de dap para eso (lo siento, no pude resistirme)!

Capítulo 6: Consejos y Trucos Para Mantener Segura tu

Inversión en Ethereum

Ya sea que estés invirtiendo en Ethereum, Bitcoin o cualquier otro activo, necesitas saber si tu inversión estará segura o no. Aquí en este capítulo describiremos todos los riesgos más recientes y las innovaciones técnicas que pueden funcionar para mitigarlos o eliminarlos del ecosistema Ethereum.

Los Contratos Digitales y la Bifurcación en el Camino

Los contratos inteligentes son el pan y la mantequilla de Ethereum. Dicho esto, este valioso recurso debe permanecer seguro a toda costa. Si hubiera un incumplimiento o un agujero de bucle en un contrato que permita a un hacker penetrar en el sistema, los resultados podrían ser desastrosos. Como fue recientemente el caso durante el infame hackeo a "DAO". DAO significa "organización autónoma descentralizada",la cual ha sido utilizada por la cadena de bloques de Ethereum desde 2016.

Estos DAO fueron creados para facilitar el acceso y la financiación de corporaciones y organizaciones sin fines de lucro que deseen realizar contribuciones. Al comienzo del lanzamiento de la DAO, se inició una exitosa campaña de financiación colectiva en mayo de 2016, que logró recaudar la asombrosa suma de $ 150,000,000 para el avance del proyecto. Fue en la cima de esta campaña triunfante de recaudación de fondos que los hackers descubrieron y explotaron una grave falla en la programación de la DAO.

Estos delincuentes cibernéticos en realidad lograron redistribuir unos $ 50,000,000 de los fondos para ellos mismos. A raíz de este robo masivo, los desarrolladores líderes de Ethereum decidieron crear lo que se conoce como un "bifurcador duro" en la cadena de bloques de Ethereum. Esta "bifurcación en el camino" les permitió retroceder por el camino de la cadena de bloques para recuperar el dinero ganado ilegalmente y repatriarlo de nuevo a la DAO de la que se robó. Se trató de un esfuerzo desesperado de última hora, y resultó exitoso, pero también planteó algunas preocupaciones bastante serias en el proceso.

Muchos de los puristas de Ethereum estaban totalmente en contra de dividir la cadena de bloques creyendo que debilitaría todo el sistema. Increíblemente, estas resistencias a la nueva cadena eran tan firmes, que se negaron a participar en la nueva cadena y continuaron trabajando e invirtiendo con la cadena antigua, creando una variación separada de Ethereum conocida como "Ethereum Classic". Esto está creando división en el mundo de Ethereum, pero los desarrolladores han seguido insistiendo en que, desde la bifurcación, Ethereum es ahora mucho más seguro que nunca.

Protege tus Claves Privadas

Al igual que como se mencionó anteriormente con Bitcoin, la seguridad adecuada de Ethereum para inversores individuales depende en gran medida de la seguridad de tus propias claves privadas personales. La cadena de bloques en sí misma es segura, y no se conocen medios para que alguien pueda robar claves, por falta de una palabra mejor, directamente del ether vacío. Dicho esto, la única forma de que un delincuente obtenga tu clave privada sería a causa de la negligencia del usuario.

Como se mencionó en secciones anteriores de este libro, obtener un programa confiable de billetera es un gran comienzo, pero no lo es todo. Debes emplear una estrategia de varias puntas cuando se trata de la protección de tus claves privadas. Y quizás el consejo más importante de todos cuando se trata de protegerlas, es no colocar todos tus huevos de Ethereum en una canasta. En otras palabras, ¡no pongas todostus ether en una sola clave privada! ¡Necesitas diversificar tu inversión!

Como puedes ver en el ejemplo mencionado en la sección anterior sobre el robo de 50,000,000 dólares de Ethereum por parte de la DAO, ¡cuanto más ether coloques en un solo lugar, mayor será tu riesgo de ser eliminado completamente! Por tanto, diversificatu cartera de inversiones y protege siempre tus claves privadas. Recuerda, puesto que con una criptomoneda como Ethereumno hay una autoridad bancaria centralizada para rastrear tu efectivo, no hay nadie a quien reclamar. La responsabilidad recae solamente en ti para proteger lo que es tuyo.

Firmas Digitales

Las firmas digitales se requieren para todas las transacciones basadas en Ethereum. Estas autorizaciones sirven para validar al firmante, asegurándose de que solo el autor de la firma pueda aprobar la transacción. No se necesita ninguna otra información de identificación personal, tan solo la firma digital asociada con esa clave privada en particular es suficiente para ponerse a trabajar. Estas firmas te permiten realizar negocios de forma rápida y eficiente con Ethereum sin siquiera tener que molestarte con una clave privada, la firma digital tomará el lugar de la misma en asociación directa como un stand-in designado previamente.

Y site preocupa que alguien pueda falsificar tu firma digital para robar tus ether, puedes estar seguro de que esto no sucederá. ¿Por qué? Debido a que la firma digital se solicita cada vez que se realiza una transacción, siempre es ligeramente diferente. Por lo tanto, a menos que el delincuente cibernético sea a la vez un clarividente y un viajero en el tiempo, simplemente no hay manera de que puedan cooptar tu firma.

¡Evita el Hackeo!

Fuera del espacio cibernético, si se dice que alguien fueasaltado, generalmente significa que ha sido víctima de un asaltante u otro infame criminal de la calle. Pero con Ethereum, una de las mayores amenazas que los entusiastas pueden enfrentar es una pequeña cosa llamada "Time Jacking". Este es un esfuerzo concertado para interferir con las marcas de tiempo durante un intercambio. El ciberdelincuente se aferra a un solo aspecto de la cadena e intenta cambiar la marca de tiempo que se le asigna.

Si tiene éxito, estos esfuerzos crearán una instancia de "doble gasto". Esta es una amenaza real para el ecosistema Ethereumde la cual siempre debes tener cuidado. Si bien no existe una solución única para evitarlo, ¡una pequeña vigilancia nunca podría hacer daño para asegurarte de que no te roben! Estas son medidas que siempre debes considerar para asegurarte de que sus inversiones con Ethereum estén seguras.

Ten Cuidado con los Ataques DOS

Los ataques DOS, también conocidos como "DenialofService" (Denegación de servicio), se han convertido en un problema muy común en la red Ethereum. Estos ataques se lanzan a través de bots que causan intentos repetidos de acceso y sobrecargan el servidor en el proceso. Actualmente hay varias medidas de seguridad en la red para prevenir estas interrupciones, pero siguen siendo una amenaza para Ethereum.

Capítulo 7: Los Pros y los Contras de Ethereum

A medida que nos acercamos al final de este libro, echaremos un vistazo a los pros y los contras de Ethereum. Examinaremos exactamente qué es lo que hace que Ethereum y la cadena de bloques sean tan buenos, y cuáles pueden ser algunos de los escollos más comunes. Cualquier nueva característica del comercio tendrá aspectos negativos y positivos, por lo que los describiremos para nuestra propia referencia.

Lidiando con losICO's

Últimamente, el clima de Ethereum ha sido absolutamente propicio para los ICO. Las ofertas iniciales de monedas son un medio para que una empresa obtenga nuevos ingresos para sus proyectos de criptomoneda. Piensa en ello como una hiperforma de financiación colectiva. Estos ICO normalmente funcionan vendiendo una pequeña cantidad de nuevas criptomonedas a novatos entusiastas, con el fin de obtener una ventaja y obtener ganancias. Algunos han calificado esto como codicioso, o incluso inversión perezosa. Por tanto, esta es básicamente una ventaja para aquellos que gustan de que otrointerfiera con sus asuntos y una desventaja para quienes no comparten dicha opinión.

La Curva de Aprendizaje de los Contratos de Programación

La capacidad de programación de los contratos inteligentes de Ethereum ha demostrado ser tanto una bendición como una maldición. Y muchos se han quejado de que Ethereum es demasiado "lógico". Y esa curva de aprendizaje puede ser muy difícil de superar. Denominado "Solidity", El lenguaje de programación de Ethereum se alimenta de forma rutinaria a través de la Máquina Virtual Ethereum para que los contratos inteligentes se lleven a cabo en el universo de Ethereum todos los días. El poder o no superar con éxito esta curva de aprendizaje puede determinar tu éxito con Ethereum.

Un Gran Equipo de Desarrollo

El equipo de desarrollo de Ethereum es profesional y está bien informado en su campo. Es gracias a todos sus esfuerzos que la escalabilidad y la funcionalidad de la cadena de bloques Ethereum son insuperables. En primer lugar, el creador VitalikButerin está profundamente involucrado, lo que sin duda ayuda en el área de liderazgo, y en segundo lugar, su junta de desarrolladores son expertos en su campo. Un gran equipo de desarrollo lleva a una gran experiencia con Ethereum.

Potencial Para Futuras Bifurcaciones

Recientemente se transmitió una serie de televisión llamada "Good Place", en la cualls personajes morían e iban al cielo. En dicho lugar, se suponía que la gente no maldecía, pero se sabía que uno de los personajes más rebeldes entre ellos se quejaba: "¡Eso está completamente desviado!" Siempre que ocurrían cosas que a ella no le gustaban. Y en lo referente a la cadena de bloques de Ethereum, que ya se ha bifurcado por completo una vez, hay una gran cantidad de posibilidades potenciales en las que la cadena de bloques podría sufrir otra bifurcación importante en el camino.

Capítulo 8: Ethereum en un Futuro muy Cercano

Nadie pensó que sucedería, pero Ethereum alcanzó la marca de $ 400 en 2017. Y dado que se trata de un ascenso meteórico, los inversores especulan abiertamente respecto a lo que el futuro podría depararle a Ethereum. Corporaciones enteras se han subido ahora al vagón y están adoptando sus propios contratos inteligentes con Ethereum. A raíz de este interés recién generado, algunos esperan que Ethereum no solo sea considerado como un primo lejano de Bitcoin, sino que supere la creación de Nakamoto como el nuevo portador estándar de criptomoneda y tecnología de cadena de bloques.

¿Destronará Ethereum al Bitcoin en el 2018?

Aunque nadie ha dicho nunca que se trata de una competencia, muchas personas quieren saber si el resucitado Ethereum de hecho algún día superará a Bitcoin. Y si deseas apostar, muchos expertos están apostando a que Ethereum de hecho superará a Bitcoin a finales de 2018. Mientras esto se escribe (finales de 2017), Bitcoin aún tiene un valor sustancialmente mayor que Ethereum, pero el valor de Ethereum está creciendo a un ritmo tan acelerado que es muy posible que pueda alcanzar, si no es que superar, al Bitcoin antes de finales de 2018.

Además delrápido aumentodel valor de las unidades individuales de ether, Ethereum también ha ocupado gran parte del espacio que solía ser mercado de Bitcoin, aumentando sus propias participaciones hasta en un 30% en los últimos meses. Ethereum parece listo para subir a la cima. ¡Así que mantente atento a las unidades de éter que siempre se multiplican y estate listo para dirigirte al mercado más cercano en un futuro no muy lejano!

Ethereum y el Internet de las Cosas

Nos guste o no, el a menudo mencionado "Internet de las cosas" se está convirtiendo rápidamente en una realidad. Con todos los dispositivos personales de IA como Amazon Echo, Google Home y otras innumerables imitaciones, la idea de que los objetos inanimados pronto hablarán e interactuarán con nosotros a diario ya no parece algo salido de la ciencia ficción. Tanto los científicos como los creadores de tendencias predicen que, en los próximos dos años, las "Smart Homes" se pondrán de moda. Cada aspecto de nuestra experiencia en el hogar será coordinado y facilitado por el próximo IOS (Internet ofThings).

Estas Smart Homes estarán conectadas directamente al IOS, permitiendo que casi todos los objetos en tu hogar interactúen contigo, entre sí y con Internet en general. Imagínate, llegas a casa de un largo día de trabajo y estás realmente hambriento. Entonces, ¿qué haces? Dirígete a tu olla arrocera precargada y dile: "¡Cocíname un poco de arroz!". El aparato de cocina cumple con su deber y comienza a llenarse con la cantidad adecuada de agua y se pone a cocinarte tu arroz.

Mientras se prepara el arroz, te das cuenta de que es el día de la basura y no sacaste la basura (odio cuando eso sucede), y todavía tienes una lata llena de basura en tu garaje. En el pasado, te habría visto obligado a dejarlo todo y perseguir el camión de basura en la mitad de la calle. ¡Pero no en el nuevo mundo feliz de iOS! En este mundo del futuro cercano, sabiendo que el camión de la basura pasará en cualquier momento, todo lo que tienes que hacer es gritar rápidamente: "¡Abre el garaje!", Seguido de "¡Saca la basura!"

¡Y después de escuchar el chirrido de las ruedas de tu avión móvil de basura mientras te dirige al garaje abierto, puede sentarte y comer tu arroz con confianza! ¡También sabes que el encargado de la basura podrá deducir el pago de la recolección al deslizar el receptáculo montado en su basurero móvil con un contrato inteligente incorporado con la cantidad justa de Ethereum para el trabajo! ¿No suena esto como ciencia ficción o, posiblemente, una realidad científica en un futuro muy cercano?

El Impacto Internacional de Ethereum

Ethereum tiene el potencial de unir el comercio internacional como nunca antes. En un futuro cercano, tomará la delantera entre las criptomonedas digitales, Ethereum es el principal candidato para convertirse en la primera moneda completamente internacional. Desde que surgió el concepto, un buen número de teóricos de las conspiraciones han inundado Internet. Estos preocupados observadores de Ethereum, parecen obsesionados con promulgar una gran cantidad de rumores de tipo apocalíptico.

Algunos incluso han sugerido que el impacto internacional de Ethereum no será nada menos que una moneda mundial que Ethereum podría proporcionar y que conducirá a un gobierno de un solo mundo, y esencialmente a una dictadura mundial en el futuro cercano. Pero aparte de los teóricos de las conspiraciones, en la humilde visión de este autor y de la mayoría de los otros analistas, a medida que las distancias en el mundo se hacen más cortas, es natural que una moneda universal evolucione tarde o temprano.

En ese sentido, una innovación como Ethereum simplemente satisface una necesidad que el mundo ya tiene. Porque la verdad es que ya vivimos en una sociedad global, incluso si no la llamamos así. La tendencia es que las plataformas de comercio se están acercando, más que separarse, por lo que Ethereum encaja perfectamente en esa realidad, ayudando a suavizar las fronteras y creando una especie de moneda universal dela cual todo el mundo puede beneficiarse y prosperar.

¿Podrá el Creador de Ethereum Evitar una Persecución Futura?

Al parecer existe una tendencia perturbadora de resistencia y un enjuiciamiento total contra las innovaciones tecnológicas como Ethereum. Si las ideas innovadoras se perciben como una amenaza para el statu quo de su época, existe una tendencia a que los "poderes fácticos" encuentren formas de perseguir a aquellos que iniciaron la idea. Y a diferencia del creador de Bitcoin, quien se encuentra en las sombras, el fundador y creador de Ethereum, VitalikButerin, está justo en el centro de atención. Todo el mundo sabe quién es, de manera pública y abierta.

Bitcoin, por otro lado, fue creado por una entidad completamente desconocida y anónima llamada "Satoshi Nakamoto". El hecho de que el creador de Bitcoin permaneció en el anonimato sirvió como un escudo impenetrable para ellos en los primeros días de la moneda. Esto fue sin duda, considerado una necesidad. Una necesidad probada a la luz del hecho de que antes del advenimiento de Bitcoin, casi todas las personas que intentaron crear una forma alternativa de moneda o incluso simplemente una nueva tecnología criptográfica, fueron atacadas y procesadas sin descanso.

Casi todos y cada uno de ellos fueron presionados y amenazados hasta que estuvieron tras las rejas, y (o) su criptomoneda fue confiscada y cerrada. Incluso el creador del primer sistema de correo electrónico cifrado con éxito comercial, Philip R. Zimmermann, no fue inmune a esta forma de persecución. Verás, el correo electrónico que trabaja en la misma premisa de criptomoneda usa una clave pública y una clave privada. La clave pública es su dirección de correo electrónico, y su clave privada para abrir su correo electrónico es su contraseña. Todos usamos esta forma de tecnología criptográfica todos los días, no es un gran problema, ¿verdad?

Bueno, cuando apareció por primera vez en 1991, según el

gobierno federal, aparentemente fue un gran problema. En ese momento, la fortaleza del cifrado que usaba era considerada "demasiado fuerte" por el gobierno de los Estados Unidos. Afirmaron que el uso de la encriptación violaba algunas arcaicasleyes aduanales, por lo que se abrió una investigación contra Zimmerman, quien, de haber sido encontrado culpable, podría haber sido condenado a prisión. Afortunadamente para aquellos de nosotros que disfrutamos de poder tener correspondencia segura por correo electrónico, Zimmerman se defendió.

Y después de muchas disputas legales, los cargos finalmente fueron retirados en 1996 y, poco después, el modelo de Zimmerman para el cifrado de correo electrónico se convirtió en el estándar que todo el planeta utiliza hasta el día de hoy. Esos mismos agentes que lo procesaron a principios de los 90 usarían su tecnología de cifrado PGP patentada para fines de la década. Esto solo sirve para mostrar cómo las nuevas ideas, incluso las buenas que benefician a la humanidad, pueden enfrentar una cantidad increíble de fricciones por parte del gobierno.

El mismo tipo de presión se usó contra David Chaum en 1992 cuando intentó crear lo que se considera la primera instancia de dinero digital. Poco después de la introducción de su "E-Cash", finalmente fue forzado a la bancarrota en 1998. Fue a partir de estas cenizas que se creó "E-Gold", pero sus fundadores fueron rápidamente neutralizados cuando fueron acusados de lavado de dinero. Poco después de esto, se introdujo la criptomoneda "Liberty Dollar", pero no pasó mucho tiempo antes de que sus creadores también enfrentaran un proceso judicial, acusados de fabricar dinero falso.

Como puedes ver, al parecer existe una tendencia innegable y un precedente para que los creadores de nuevas aplicaciones de criptografía y medios alternativos de moneda sean neutralizados y procesados. Como se mencionó, debido a que su creador permanece en forma anónima, el Bitcoin escapa a este destino porque simplemente no hay nadie a quien procesar. Pero desde que el creador de Ethereum, VitalikButerinsalió a la luz y optó por no permanecer en las sombras, ¡se arriesga a la amenaza real de la decapitación!

Algunos dirían que los gobiernos del mundo hoy en día son mucho más receptivos a las criptomonedas en el mercado actual y no son proclives a enjuiciar, pero solo el tiempo dirá si el creador de Ethereum puede evitar el destino de casi todos los demás criptógrafos y creadores de monedas alternativas y no ser sometido a futuras persecuciones. Con suerte, a medida que el público adquiera más y más información sobre los beneficios de Ethereum y la aceptación de la tecnología de la cadena de bloques, las cosas mejorarán considerablemente en el futuro cercano.

Introducción: En el Lado más Ligero

En tiempos recientes, las criptomonedashan causado furor. Han surgido una gran cantidad de innovaciones en el mundo de la moneda digital en línea y todas están llenas de palabras y frases como Bitcoin, Blockchain, Ethereum y, por supuesto, Litecoin, o como también es conocida, "LTC". Litecoin fue creada por un ex empleado de Google llamado Charlie Lee, en 2011. Este inventó el software que creó Litecoin: Litecoin, aprovechando un segmento en la cadena de bloques de un cliente de Bitcoin.

Fue a partir de esta falla técnica que surgió el mundo de Litecoin. Litecoin rápidamente ganó prominencia en la comunidad de las criptomonedas debido a su rapidez de transacción y su script algorítmico mejorado. Desde entonces, ha alcanzado una capitalización de mil millones de dólares y no muestra ninguna señal de desaceleración en el corto plazo. Ofreciendo una alternativa viable a sus pares de peso pesado Bitcoin y Ethereum; Litecoin ofrece una amplia gama de oportunidades únicas para los inversionistas.

Litecoin, tal como Bitcoin lo hizo antes, funciona en un sistema de igual a igual que permite a los usuarios realizar pagos instantáneos desde cualquier lugar del planeta Tierra (y si Space X y el fundador de Pay Pal Elon Musk se sale con la suya, quizás incluso en Marte, un tema que profundizaremos más adelante en este libro). Litecoin es una creación que se deriva directamente de los planos de Bitcoin. Sin embargo, una de las principales innovaciones que diferencia a Litecoin de Bitcoin es el hecho de que se puede extraer fácilmente incluso con el hardware de computadora más básico.

En lugar de tener que gastar un montón de dinero en la parte superior de la línea ASICS y las tarjetas gráficas como lo harías con Bitcoin, Litecoin, a pesar de lo que su nombre pueda sugerir, es mucho más ligero cuando se trata de recursos computacionales. De la misma manera que una cerveza Bud Lite es más ligera en carbohidratos que una Budweiser normal, Litecoin te ayudará a evitar todo el exceso de equipaje de Bitcoin. Las personas beben Bud Lite para evitar desarrollar una abultada barriga cerveceraa causa del consumo excesivo de carbohidratos, la gente usa Litecoin para evitar la hinchazón de sus recursos informáticos.

A diferencia de Bitcoin, Litecoin usa tiempos de transacción mucho más rápidos y puede usar sistemas de memoria basados en hardware y algoritmos de prueba de trabajo basados en scripts que se pueden usar con tarjetas gráficas convencionales. El creador Charlie Lee, con su escapada de Bitcoin, se inspiró inicialmente para crear una moneda alternativa que pueda funcionar con los mismos aparatos y algoritmos de minería que funcionaron tan bien para Bitcoin. Litecoin también es de código abierto, por lo que casi cualquier persona puede realizar actualizaciones a medida que la plataforma evoluciona.

Litecoin ahora está en la carrera como un sucesor de Bitcoin por derecho propio, y está catalogado como la cuarta criptomoneda más notable detrás de Bitcoin Cash, Ethereum y el propio Bitcoin. Hasta ahora, el mayor problema con Litecoin es su gran volatilidad. Se sabe que Litecoin fluctúa hasta en un 50% en un día. Incluso el creador de Litecoin, Charlie Lee, se ha referido a la compra de LTC como "extremadamente arriesgada". Litecoin está tan estrechamente vinculado a Bitcoin que a menudo se lo denomina "hermano" o "hermano menor" de Bitcoin. Y ese hermano menor ha experimentado ocasionalmente algunos dolores de crecimiento.

La verdad es que Litecoin se creó inicialmente simplemente para mejorar Bitcoin. Pero sus desarrolladores se dieron cuenta rápidamente de que la posibilidad de progreso sería mucho mayor si simplemente usaban Litecoin para crear una criptomoneda completamente nueva y completamente independiente por derecho propio. Otra gran similitud entre Bitcoin y Litecoin es el hecho de que Litecoin es infinitamente divisible. Y se puede dividir en aproximadamente 100,000,000 unidades de valor separadas.

Pero, además de estos elementos en común, son las diferencias que nos ofrece Litecoin las características más prometedoras. Estas diferencias incluyen una tasa de rotación más rápida en la cadena de bloques de aproximadamente 2 minutos y medio. Esta velocidad transaccional supersónica supera claramente el intervalo de 10 minutos que se hizo famoso por Bitcoin. El hecho de que Litecoin sea capaz de reducir considerablemente el tiempo de espera entre bloques ayuda a reducir en gran medida la incidencia de doble gasto o, lo que es peor, los ataques de doble gasto.

Esto resulta de gran interés tanto para los entusiastas de Bitcoin como para los potenciales clientes futuros de Litecoin, ya que los ataques de doble gasto eran un riesgo endémico de Bitcoin en el pasado. Charlie Lee sostiene que creó Litecoin para mejorar las vulnerabilidades que estaban presentes en el código de Bitcoin, y el hecho de que Litecoin soporte mejor tales ataquesparece ser una prueba de sus esfuerzos en la tarea. Otracaracterística que el Sr. Lee innovó con Litecoin fue el lenguaje de computadora único o "script" que utiliza, el cual ha resultado universalmente propicio para un campo de juego mucho más uniforme para los usuarios de Litecoin.

Pero además de reforzar Litecoin contra las amenazas, y crear un código de computadora con igualdad de oportunidades, el énfasis principal de Litecoinconsistió en hacerlo más "liviano". Se dice que los creadores de Litecoin estaban algo alarmados por la "carrera de armamentos" a la que se sometían los mineros de Bitcoin al tener que armarse perpetuamente con un software de minería más avanzado y pesado para mantenerse competitivos frente a sus compañeros. Litecoin, por otro lado, con su protocolo mucho más simplificado, aligera las cosas considerablemente.

La simplicidad de Litecoin hace que sea posible explotar la criptomoneda con un equipo informático estándar, de lo cual se deriva que la extracción de una moneda alternativa sea una empresa lucrativa para el entusiasta de la criptomoneda. Para poder explotar Litecoin no necesitas tener un sótano lleno de servidores, todo lo que requieres es una PC con una tarjeta gráfica. Litecoin elimina parte del estrés y la tensión de la carrera de armamentos en las criptomonedas. Gracias a la mayor ligereza de Litecoin, los mineros individuales pueden respirar con facilidad una vez más.

Capítulo 1: Litecoiny la Cadena de Bloques

No importa de qué tipo de criptomoneda hablemos, la cadena de bloques siempre estará destinada a ser una parte importante de ella. La cadena de bloques proporciona el marco y la estructura que facilita las transacciones. En este capítulo analizaremos más a fondo la cadena de bloques y su relación con Litecoin.

Comprendiendo el Bloque Génesis—Donde Inició la Cadena de Bloques

Para entender la cadena de bloques, realmente tienes que volver al principio, y eso significa volver al llamado "bloque génesis". Este fue el bloque inicial desde el cual se originó toda la cadena de transacciones conocida como la "cadena de bloques". Presentado por una entidad completamente desconocida que nos dejó solo el misterioso nombre "Satoshi Nakamoto", la primera transacción del bloque de génesis se grabó en este bloque el 3 de enero de 2009.

Apenas unos meses después de que estallara la burbuja inmobiliaria de 2008, este primer giro fundamental respecto al mundo de la banca centralizada quedó grabado en el tiempo para que todo el mundo lo viera. Esta fue la primera implementación de la cadena de bloques, aquí es donde comenzó la cadena de bloques, y Litecoin continúa en esta tradición. Desde el primer bloque de génesis en adelante, cada bloque de datos transaccional queda encerrado de forma firme y segura dentro del tiempo marcado en la seguridad de sus bloques.

Obteniendo tus Primeros Bloques de Litecoin

Cada vez que se registra una transacción estampada dentro de la cadena de bloques, esta queda grabada para que todas las personas en el ecosistema de Litecoin la vean, cada una de estas tiene lo que se conoce como un "hash" aplicado. Cada hash funciona como una forma especial de identificación. Un hash en la cadena de bloques es virtualmente imposible de fabricar o alterar. Son estas tarjetas de llamada hash tag las que se colocan en el "Libro mayor público" de la cadena de bloques. Discutiremos el libro público más a fondo en la siguiente sección de este libro.

Litecoiny el Libro Mayor Público

El libro mayor público de la cadena de bloques nos ayuda a tener un registro seguro de todas las transacciones de criptomoneda que realicemos. En este libro de contabilidad público encontraremos todas las actividades realizadas en la cadena de bloques, marcadas y contabilizadas, para siempre. Este libro de contabilidad muestra los permisos únicos que se entregan entre los participantes de la cadena de bloques que firman una transacción en particular. El libro mayor público de la cadena de bloques permite una mayor precisión a medida que las transacciones se mueven a lo largo de la cadena de bloques de un lugar a otro.

El libro mayor público nos brinda información suficiente para cumplir con la precisión de este movimiento, pero cualquier otro tipo de información potencialmente comprometida está oculta al público. El libro de contabilidad, aunque es público, trabaja a partir de una "necesidad de conocer" y, en ese sentido, solo la información que se necesita para completar la transacción puede revelarse públicamente desde un punto de acceso de la cadena de bloques a otro. Esta innovación de la cadena de bloques le permite compartir información de forma segura durante una transacción sin temor a que alguna de ellas regresepara atormentarte.

El libro mayor público puede servir como tu registro permanente de transacciones sin ninguna amenaza para tu propia seguridad y bienestar personales. Si nunca tienes tu chequera equilibrada y eres realmente malo para llevar un registro de tu dinero, con Litecoin y el libro de contabilidad público ya no tendrás que preocuparte más por eso. Puedes ir de compras con confianza porque Litecoin y el Libro Mayor Público te tienen cubierto.

Confianza y Consenso

Si alguna vez ha participado en una empresa corporativa que involucre a diferentes personas y personalidades, entonces sin duda habrás llegado a comprender cuán importante puede ser la confianza y el consenso entre los miembros del grupo. Debes aumentar la confianza y el consenso no solo entre tus socios comerciales, sino también con los clientes potenciales. La cadena de bloques ayuda a construir esa misma confianza y consenso con tu dinero.

Lo anterior lo lleva a cabo mediante el uso de múltiples firmas por transacción y mediante la prueba de manipulación (a falta de una palabra mejor) "prueba de trabajo" que permite que cada transacción sea 100% comprobada y verificada sin duda alguna. Todas estas medidas se unen para que te asegures de que tienes la confianza y el consenso que necesitas.

Capítulo 2: Como Comenzar con Litecoin

Litecoin está optimizado al máximo y está diseñado para ser bastante intuitivo, por lo que resulta relativamente fácil para casi cualquier persona subirse a bordo del carro de Litecoin. Sin embargo, hay algunas cosas que debes saber antes de comenzar con tu propio régimen de Litecoin. Aquí, en este capítulo, explicaremos todos los aspectos básicos de lo que necesitas saber.

Obtén tu Cliente de Litecoin
Para obtener tu propio cliente de Litecoin, debes ir ahttp://www.litecoin.org/. A continuación, se te pedirá que descargues la cadena de bloques desde la cual Litecoin opera. Es importante usar una aplicación llamada "bootstrap.dat" para reducir el tiempo de descarga, ya que, sin esta herramienta de mitigación, el archivo masivo tardaría más de 24 horas en descargarse. ¡Créeme, lo intenté! ¡Es peor que una actualización de Microsoft!

Como un archivo zip gigante, bootstrap contiene una cadena de bloques completamente comprimida desde el primer bloque de la cadena. Esto te permitirá obtener lo que necesitas, descargando el archivo completamente en poco más de una hora, lo que es una gran diferencia. Una vez descargado, se le pedirá que obtengas una billetera y una clave privada para que puedas guardar su Litecoin de manera segura en su interior. Una vez que se cumplan estos requisitos previos, podrás iniciar sesión y participar en un foro de Litecoin para profundizar en el comercio, el desarrollo o incluso la minería de Litecoin.

Adquiriendo una Billetera de Litecoin
Si tus intenciones de adquirir Litecoin son serias, entonces debes ser igualmente serio al adquirir una billetera Litecoin. Las

billeteras de Litecoin son programas digitales que funcionan como depósitos de criptomonedas, y te ayudarán a mantener tu Litecoin seguro y contabilizado. Para obtener tu propia billetera para tu Litecoin, necesitarás obtener un programa de billetera. Electrum parece funcionar particularmente bien para Litecoin, así que avancemos y enfoquémonos en dicho programa para propósitos de este libro. Así que, sin más preámbulos, subamos http://electrum.org a nuestro navegador.

Desde esta página puedes instalar Electrum directamente en tu dispositivo. Al iniciar Electum, recibirás una notificación que te recordará que "Electrum no pudo encontrar una billetera existente", lo cual, por supuesto tiene mucho sentido, ya que no posees una. Puesto que este es claramente el caso, deberás hacerhacer clic en "Crear una nueva billetera". Una vez que hayas hecho clic en este mensaje, se te proporcionará lo que se conoce como "seed" (semilla), que se utiliza para crear las cadenas aleatorias de letras y números conocidos como "claves privadas" (que veremos en la siguiente sección). Asegúrate de colocar tu semilla en un lugar seguro.

Poco después de recibir una semilla, electrumte redirigirá para que te conectes con el servidor, se te dará la opción de conectarte automáticamente o elegir tu propia conexión. Una vez conectado, aparecerá una interfaz de barra de herramientas con varias opciones a tu disposición. Toma nota del interruptor de color verde ubicado en la parte inferior izquierda de la barra de herramientas. Mientras esta sección esté iluminada, tendrás una conexión con el servidor. Tu barra de herramientas debe tener otras cinco secciones, que se ejecutan de izquierda a derecha. Deberás poder ver las siguientes opciones; "Historial, Enviar, Recibir, Contratos y Consola".

Para lo que necesitamos hacer, seguiremos adelante y seleccionaremos "Recibir". Una vez que esta opción haya sido seleccionada, obtendrás un resumen de direcciones potenciales, también conocidas como "claves públicas", que puedes usar para recibir tu Litecoin. Las claves públicas funcionan como una dirección de correo electrónico, pero solo se pueden abrir si se utiliza la clave privada correcta para desbloquearlas. Como veremos más a fondo en la próxima sección.

Uso de Claves Privadas

La clave privada es una piedra de toque de la moneda criptográfica y se ha utilizado desde el principio. Los envíos deLitecoin de una persona a otrase llevan a cabo mediante el acoplamiento de una clave privada con una clave pública. La forma más fácil de pensar esto es considerar que la clave pública es similar a una dirección de correo electrónico, y la clave privada a la contraseña utilizada para iniciar sesión en ese correo electrónico.

La clave privada, como se mencionó anteriormente, es solo una serie aleatoria de números y letras, algunos de los más dotados entre nosotros pueden memorizar estas claves privadas, pero para la mayoría de nosotros, debemos tener nuestras claves privadas encerradas en un lugar seguro. Ya que, déjame decirte que, si tu clave privada se pierde o te la roban, puedes irte despidiendo de losLitecoin que guardabas en esa clave pública.

No es como cuando pierdestu tarjeta de débito y puedes llamar a la autoridad bancaria centralizada a cargo para que se congele la tarjeta y te emitan una nueva. Verás, ya que no hay intermediarios o aparatos bancarios centralizados involucrados en el almacenamiento de tu Litecoin, no habrá nadie allí con quien puedas quejarteen caso de pérdida. Si pierdes las claves que desbloquean tu pequeño reino de Litecoin, no hay ninguna entidad externa que pueda recuperarlas, todo está directamente sobre tus hombros.

Sí, Sr. Peter Parker (solo una pequeña broma interna para los fanáticos de Spiderman), ¡un gran poder también implica una gran responsabilidad! nos proporciona una gran libertad para elegir nuestro propio destino financiero, pero con esa libertad viene la carga necesaria de salvaguardar nuestras propias finanzas, ya que no hay nadie más que lo haga por nosotros. Por lo tanto, usatus claves privadas y utilízalas bien.

Obtén un Programa de Billetera
Si bien no es una autoridad real para tusLitecoin, un buen programa de billetera tiene la capacidad de trabajar como un gran facilitador paratus finanzas. Los programas de billeterasimplifican tus ahorros de Litecoin en categorías muy específicas y fáciles de usar. Si, por ejemplo, deseas relegar algunos de sus Litecoin a carteras de inversión especializadas, un programa de billetera puede desviar una cantidad específica para ese propósito.

Sin embargo, el aspecto más notable en cuanto ainvolucrarse con los programas de billetera de Litecoin es el hecho de que te permiten crear claves privadas para tu Litecoin sin tener que estar en Internet. Sí, es cierto, sin siquiera estar en línea, puede usar estos programas para crear claves únicas y completamente desconocidas que nunca han sido expuestas a Internet. Y dado que estas claves nunca han conocido los rigores del ciberespacio, nunca han sido puestas en riesgo.

A menos que alguien esté parado allí mismo en tu habitación mirando por encima del hombro mientras las generas, puedes estar seguro de que no hay absolutamente ninguna forma de que estas claves privadas hayan sido comprometidas. Cuando finalmente decidas usar estas claves, tendrá que conectarte en línea, por supuesto, pero hasta entonces, puedes estar seguro de que estas claves permanecerán 100% seguras. Entonces, adelante, ¡sigamos con el programa de billeteras!

Acostúmbrate a los Códigos QR

En los últimos años, casi en cualquier lugar donde miremos, nos topamos con estos extraños parches cuadrados, con líneas onduladas blancas y negras en el interior, llamadas "códigos QR". Los códigos QR son en realidad códigos de barras de segunda generación y fueron creados inicialmente por una corporación automotriz en Japón, con el fin de incluir más información en el código de barras estándar de la que podían facilitar las líneas verticales tradicionales de los códigos de barras estándar. Durante la primera década de su existencia, los códigos QR solo se utilizaron en la industria automotriz.

No fue hasta hace poco, con la convergencia de internet, la tecnología de los teléfonos inteligentes, el dinero digital y la necesidad de transacciones más rápidas y eficientes, que el Código QR comenzó a utilizarse de manera generalizada, como ocurre hasta la fecha. El código QR, al igual que su predecesor, el código de barras, contiene información compacta que se puede extraer con un dispositivo de escaneo. Hasta hace poco, una persona promedio no andaba con escáneres de códigos de barras en los bolsillos de sus pantalones para escanear los códigos aleatorios que se encontrase.

Pero gracias a Steve Jobs y la innovación del teléfono inteligente, hoy en día casi todos los individuos tienen un tipo de escáner de códigos de barras en su persona en todo momento. Como resultado, las pantallas de los teléfonos que todos llevamos con nosotros todos los días, pueden funcionar como aparatos de escaneo para escanear convenientemente cualquier código QR que podamos encontrar. Debido a una increíble confluencia de tecnología y tendencias, lo que antes era poco práctico y engorroso, ¡ahora es increíblemente conveniente!

Con solo deslizar la pantalla de tu teléfono sobre un código QR, puedes realizar compras y otras transacciones fácilmente. Este cuadrado de código QR ahora está presente en todo, desde las tazas de café Starbucks hasta las facturas de servicios públicos, y con solo un escaneo rápido desde tu teléfono, los datos financieros pueden ser procesados para que tu transacción se lleve a cabo. Los códigos QR hoy en día parecen estar perfectamente situados para el mundo de las criptomonedas, puedes enviar cualquier cantidad de Litecoin desde tu billetera Litecoin hacia cualquier compra o transacción financiera tan solo usando la pantalla de tu teléfono para escanear un código QR.

Capítulo 3: Minería de Litecoin

El concepto de la minería de criptomonedas se basa enteramente en personas que utilizan su propia experiencia personal en informática para facilitar las transacciones en la cadena de bloques (¿Necesitas actualizar tu memoria respecto a la cadena de bloques? Mira de nuevo el Capítulo 1). Se dice que Litecoin comenzó su vida con un total de 84 millones de unidades para ser extraídas, con solo una pequeña fracción habiendo sido desenterrada en los últimos años.

Dicho eso, todavía hay mucho espacio y un gran potencial para que cualquier aspirante a minero obtenga un beneficio lucrativo de la minería de Litecoin. Como una nueva criptomoneda con un enorme potencial de aumento, la minería bien podría valer la pena. Aquí, en este capítulo, ayudaremos a resolver algunos de los matices más finos de la minería Litecoin.

Lo que Significa Realmente la Minería de Datos

Ya sea que nos demos cuenta o no, la idea de la minería de datos ha estado con nosotros durante bastante tiempo. La minería de datos no se inventó solo para las criptomonedas. Porque cuando lo vemos desde un punto de vista más amplio, la minería de datos es simplemente el proceso de revisar la información almacenada. Y no solo información financiera, puede ser información de cualquier tipo. Tus datos personales se extraen a diario simplemente de los sitios web que visitas y los "*likes* y *dislikes*" que presentas al mundo cibernético a través de las redes sociales.

Ahora todos tenemos huellas digitales de datos que se utilizan para crear perfiles únicos de nuestra persona llamados "algoritmos". En muchos otros aspectos de la vida, la mayoría de nosotros nos opondríamosdecididamente a ser catalogados y perfilados de forma rutinaria, pero en el mundo del comercio digital esto se lleva a cabo todo el tiempo. Por ejemplo, si compras un determinado par de zapatos en Amazon, la próxima vez que realices una búsqueda en Amazon, sin importar lo que busques, sin duda verás una pequeña barra lateral que muestra zapatos similares a los detu última compra.

Los mercadólogos utilizantus datos minados para averiguar qué es lo que te gusta y cómo conseguir que compres más. De esta manera, tus transacciones anteriores son utilizadas para crear una imagen psicológica de tu persona y de lo que deseas. Este tipo de minería de datos hoy en día es parte integral de todos nosotros. Hay montones de datos que son extraídos de nosotros cada día. Entonces, de cualquier modo, ahora que lo hemos establecido, ¿qué tiene que ver Litecoin con esto? Mucho.

Verás, Litecoin se ejecuta en un sistema en el que los usuarios están frente a frente, lo que significa que un usuario del ecosistema de Litecoin está ayudando a facilitar otro. Como un ecosistema en el que los árboles respiran nuestro dióxido de carbono incluso mientras respiramos su oxígeno. En esta relación simbiótica, todos trabajan juntos para que todo funcione sin problemas como un todo. Sin esta cooperación en la cadena de bloques, Litecoin no funcionaría.

Aquí es precisamente donde entra en juego el minero de Litecoin. Todos minan los datos transaccionales de todos los demás para hacer que Litecoin funcione como una forma suave de criptomoneda digital. Esto es lo que realmente significa minar para obtener datos. Y como veremos en la siguiente sección, además de ayudar a apuntalar el ecosistema de Litecoin, esto también puede ser bastante rentable para el minero.

MinandoLitecoin
Litecoin está completamente descentralizado, y como tal, no hay un centro principal de responsabilidad gubernamental, no hay

un número 1-800, o una "figura detrás del mostrador" para responder tus consultas, quejas y preguntas. Depende del ejército de mineros individuales en la plataforma que cada transacción se realice sin problemas. Todo comienza y se detiene con ellos.

Cada minero hace un balance de la hora en que ocurrió una transacción, y trabaja para evitar que ocurra el doble gasto, mientras observa la larga cadena de información que precede a cada bloque. Es de esta manera que los mineros se aseguran de que cada Litecoin se tenga en cuenta en el sistema. Cada transacción se lleva a cabo por un minero, que luego tiene la acción replicada por todos los demás mineros en la red.

Esto luego proyecta la transacción a lo largo de la red de minero a minero, para que todos en la red tengan la imagen más actualizada de cada transacción a medida que transcurren en tiempo real. Es como una pelota de fútbol que se pasa de jugador a jugador hasta que se logra un pase de *touchdown*. La minería para Litecoin es lo que hace que este mundo de criptomoneda circule.

Equipo Necesario Para la Minería de Litecoin
Una de las principales razones por las que se creó Litecoin fue para poner fin a la "carrera armamentista" de los mineros de criptomonedas que tienen que armarse constantemente con un hardware más potente y más pesado. Litecoin trató de aligerar esto, y como resultado, no necesitas el monstruo de minería de antaño. Todo lo que realmente necesitas para la minería de Litecoin es una buena GPU. Las GPU son las "Unidad de procesamiento gráfico" de una computadora.

Es con esta función que puedes ver videos, navegar por la web o ver un tutorial creado con flash. Se necesita una tarjeta gráfica para procesar estos gráficos. Todas las computadoras,

computadoras portátiles y tabletas ya vienen de fábrica con estas tarjetas instaladas. Entonces, en realidad, no deberías tener que comprar ningún equipo adicional cuando se trata de la minería Litecoin. Tu PC personal debe tener suficientes recursos para hacer el trabajo pesado de Litecoin.

Y para hacer que su experiencia en minería sea aún más rápida, puedes modificar la tarjeta madre de tu computadora para que tengas varias tarjetas gráficas, lo que aumentará aún más tu velocidad de minería. Por supuesto, la instancia de usuarios que equipan rápidamente sus PC con múltiples tarjetas gráficas parece estar destinada a comenzar otra carrera armamentista, esta vez, enfocada a quién tiene la GPU más rápida y grande en su plataforma.

Hasta ahora, sin embargo, cualquiera que cuente con el equipo más básico en su computadora puede explotar con éxito elLitecoin. Al final, el único equipo que necesitas es una tarjeta gráfica muy estándar en una computadora de fábrica. Realmente, cualquier persona con una computadora portátil debería poder cumplir con al menos unacantidad moderada de éxito en la minería deLitecoin.

Considera Unirte a una Red de Minería
Definitivamente, los números ejercen poder en la mayoría de las áreas de nustra vida, y este es ciertamente el caso cuando se trata de Litecoin también. Y hay un gran potencial para alcanzar más productividad con tu minería Litecoinsi, literalmente, reúnestus recursos junto con otros mineros de Litecoin en una "red de minería". Tal como el nombre puede implicar, una red de minería, es donde la gente reúne sus equipos y conocimientos personales en un esfuerzo por obtener una mayor recompensa.

Aunque con Litecoin el gasto en su factura de electricidad debe ser menor que con Bitcoin, de cualquier modo, ayuda a aliviar la presión sobre tus utilidades para que todo un ejército de otros mineros comparta el consumo de electricidad contigo. También vale la pena señalar, que a menudo es mucho más fácil para un principiante unirse a un grupo de minería ya existente que instalar y configurar su propia operación. Al menos es algo que vale la pena considerar al comenzar tu empresa Litecoin.

Minería Basada en la Nube Para Litecoin

Hoy en día casi todo puede subirse a la nube. Tenemos almacenamiento de correo electrónico basado en la nube. Documentos y hojas de cálculo, así como música, libros y otros elementos multimedia, pueden ser almacenados felizmente en una nube esponjosa que flota en el ciberespacio. El almacenamiento basado en la nube utiliza la visión computacional combinada de múltiples PC a través de múltiples servidores a través de una amplia red vinculada. Todo este poder combinado puede usarse para ayudarte en tu búsqueda para explotar Litecoin.

La velocidad y el volumen delLitecoin adquirido se magnificanen la nube. Y,puesto que la nube elimina la tensión de los cálculos del hardware de tu PC y coloca todo en tu propio banco de nubes masivo, tu PC se libera para poder realizar otras cosas aparte del minado deLitecoinque se lleva a cabo todo el día. Permitiéndote volver a ese gran juego de WorldofWarCraft (o cualquier otra cosa que te gustaría hacer) ¡mientras la nube hace todo el trabajo!

Capítulo 4: Como Usar los Intercambios de Litecoin

Más allá de la minería de nuevosLitecoin, el otro medio principal de adquisición es a través de un medio de intercambio de Litecoin. Por lo general, hay tres formas principales de hacer esto. Puedes usar un intermediario de intercambio, una de las principales plataformas de intercambio, conocidas como "Coinbase" (como veremos aquí en breve), o puedes pasar por alto todo esto con un simple intercambio de Litecoinde "persona a persona". En este capítulo describiremos todas las opciones disponiblespara el intercambio.

Usando una Plataforma de Intercambio

La metodología más frecuente para el intercambio en lo referente aLitecoin es a través del uso de lo que se denomina una "plataforma de intercambio". Estas plataformas de intercambio son utilizadas con bastante frecuencia por aquellos que recién comienzan, y generalmente están diseñadas para atender al novato entusiasta. Pero, aun así, se sabe que las plataformas de intercambio confunden incluso a los comerciantes veteranos. Entonces, sigamos adelante y veamos algunos de los conceptos básicos, para que podamos, según las palabras del gran Don Knotts, cortar todo de raíz desde el inicio.

En primer lugar, examinemos la plataforma de intercambio líder en el mercado: "Coinbase" siempre increíble, pero indeleble para la cadena de bloques. Es recomendable tanto para principiantes como para veteranos, Coinbase es el sitio número uno que maneja casi cualquier criptomoneda conocida por el hombre. Tienen tu Bitcoin, tienen tu Ethereum, y tienen tu Litecoin, todos listos y esperando por usted. Entonces, ¿Qué tienes que hacer para conseguirlos?

Bueno, antes que nada, tienes que registrarte. Antes de hacerlo, asegúrate de ir al sitio correcto, www.coinbase.com, porque hay muchos estafadores que desean robar tu información y quitarte algunos centavos. Entonces, déjame repetir esto para que todo quede claro.

Desde aquí se te solicitará que te registres y crees una cuenta para utilizar el servicio. Tendrás que crear una ID de usuario y una contraseña únicas. Como suele ser el caso con las ID de usuario y las contraseñas, debes intentar crear algo que le resulte al menos vagamente familiar y difícil de adivinar. Lo siento, pero de alguna manera A- B- C- D y 1- 2- 3 simplemente no son muy efectivos.

Una vez que tengas una ID de usuario y una contraseña adecuadas, puedes iniciar sesión y comenzar a realizar sus intercambios a través de Coinbase. Es realmente tan simple como eso. No hay un acuerdo de usuario a largo plazo, o cualquier trampa legal similar que te haga sentir como si estuvieras vendiendo tu alma a Satoshi Nakamoto, solo obtienes un nombre de usuario y una contraseña y puedes comenzar a cambiar tus monedas. Es fácil y relativamente indoloro.

Pero por más simple que sea todo esto, usar una mera contraseña única, ciertamente carece de seguridad cuando se trata de que esta sea efectiva. Esta es la razón por la que la mayoría de los usuarios finalmente deciden reforzar su seguridad con medidas adicionales. La más popular de estas es una aplicación llamada, "authy". Authy utiliza un doble nivel de seguridad, lo que permite intercambios más seguros, pero aun así bastante convenientes. Tales medidas de protección son altamente recomendables para todos los usuarios.

Utilizando un Intermediario de Intercambio
Aunque para muchos entusiastas de las criptomonedas descentralizadas la idea de un intermediario entre ellos y su destino financiero es un anatema, algunos se han beneficiado enormemente de hacer uso de un intermediario de cambio.

Especialmente para aquellos que recién están comenzando con Litecoin, tener un intermediario de intercambio veterano a tu disposición como guía, podría ser de gran beneficio.

Pero si tú mismo eres un veterano al que le gusta poder hacer sus propias olas en lugar de seguir el ejemplo de otros, probablemente encontrarás que un intermediario de cambio te causa más interferencia que ayuda. La mayoría de estos intermediarios pasan por alto automáticamente la primera oferta de compra tan pronto como pueden. Esto puede ser beneficioso en algunas ocasiones, pero si realmente deseas establecer una estrategia con tusLitecoin y utilizar tu propio pensamiento crítico para aprovechar su volatilidad, un intermediario de intercambio solo se interpondrá en el camino.

Intercambio de Persona a Persona
La forma más fácil y sencilla de hacer un intercambio conLitecoin (o cualquier otra criptomoneda) es a través de un simple intercambio de "persona a persona". Esto significa simplemente reunirse con alguien en un lugar acordado y llevar a cabo su intercambio cara a cara. La mayoría elige un lugar público, como una cafetería o un restaurante, y luego realizan el intercambio desde sus dispositivos allí mismo en la instalación.

La importancia de hacer negocios como este en un entorno público lleno de gente es fundamental. No es recomendable encontrarse con alguien que no conoces en un lugar aislado. Cuanta más gente tengas alrededor, más ojos tendrás en la escena en caso de que las cosas salgan mal. Demasiadas personas han sido estafadas, o incluso asaltadas violentamente, durante reuniones aisladas, así que no lo hagas. Ni todos losLitecoin disponibles en el mundo hacen que valga la pena.

Por lo tanto, supera tus temores y asegúrate de organizar tu reunión en la arena pública para que todo el mundo la vea. Ok, ahora que lo hemos establecido, vamos a entrar en la cuestión de cómo un intercambio personal generalmente no es muy recomendable. Según el protocolo típico, generalmente es el vendedor el que realiza el primer movimiento durante un intercambio. Esto se debe a que la responsabilidad recae siempre en el vendedor para poner en marcha el intercambio estipulando cuántosLitecoin van a cambiar de manos.

Esta es la oferta inicial, si así lo deseas, y una vez que se haya establecido, pueden hacer un trueque entre ustedes en cuanto a qué cantidad funciona mejor para ambos. Una vez que se haya alcanzado este acuerdo, el vendedor entregará al comprador la cantidad acordada de Litecoin. Si estás intercambiando una gran cantidad de dinero, puede ser útil aprovechar el uso de una cuenta de depósito de garantía para que un servicio de terceros pueda conservar el dinero antes de que se tome la decisión final.

Capítulo 5: Algunas Estrategias de Comercio de Litecoin más

Avanzadas

Ahora que conoces los conceptos básicos, en este capítulo te presentaremos algunos conceptos más avanzados que todos los entusiastas de Litecoin deben conocer. Aquí aprenderás todo sobre los fondos de cobertura, fideicomisos, transacciones diarias y estrategias de compra y tenencia de Litecoin. Toma nota de todos ellos.

Comprar y Mantener conLitecoin

En la vieja canción de country-pop, "el jugador" Kenny Rogers pronunció la famosa frase: "Debes saber cuándo sostenerlos, y saber cuándo doblarlos". Pero no es necesario tener la cara de póker del Sr. Rogers para poder beneficiarse de una estrategia de compra y retención para Litecoin. Realmente, todo lo que implica comprar y mantener es simplemente eso: comprar Litecoin y luego asegurarlo, esperar a que aumente el valor de las monedas y luego venderlas rápidamente para obtener ganancias. Estas estrategias se utilizan bastante con Bitcoin y Ethereum, y ahora también se ha encontrado que funcionan con Litecoin.

Un Pequeño Día de Comercio con Litecoin

Para aquellos que deseen hacer dinero rápido con Litecoin, realmente no hay nada como el día de comercio (Day Trading). Día de comercio se refiere a la práctica de comprar Litecoin y luego darle la vuelta y venderlo ese mismo día. Vemos este tipo de cosas con acciones y bonos todo el tiempo, en los cuales los operadores compran un montón de acciones baratas al principio del día, solo para venderlas y obtener una gran ganancia al final del día.

La verdadera clave para esto es simplemente saber cuándo entrar y cuándo salir. El día de comercio parece funcionar bien con las criptomonedas como Litecoin, ya que es capaz de aprovechar la volatilidad del medio. Esto permite a los inversionistas comprar Litecoin cuando es barato y luego venderlo rápidamente a medida que el precio sube dentro de esa ventana de 24 horas. Hay quienes realmente juran por el día de comercio de Litecoin.

Usando la Sociedad de Inversión de Litecoin

Para muchos, el uso de la Sociedad de Inversión de Litecoin ha demostrado ser una revelación real. Los fideicomisos de inversión de Litecoin son un fondo fiduciario especial establecido específicamente para Litecoin. Esto se hace por la seguridad de sus depósitos. Este fondo fiduciario mantiene tu Litecoin seguro hasta que lo necesites. Y no solo eso, la confianza también sigue al mercado en tiempo real, brindándote actualizaciones instantáneas e información. Siempre podrás beneficiarte del uso de una Sociedad de Inversión de Litecoin. Todas estas estrategias podrían resultar muy útiles para tu experiencia general con Litecoin.

Conclusión: Litecoin—¿Marea Creciente o un Barco que se Hunde?

La marea creciente de Litecoin ha sorprendido a muchos, incluido, quizás más que a cualquier otra persona, el propio creador y fundador de Litecoin, Charlie Lee. El Sr. Lee recientemente sorprendió al mundo de la criptomoneda al vender todas sus tenencias de Litecoin por 17.000 millones de dólares. ¿Su razón? Afirma que mantener una gran parte de la moneda y ser una figura tan influyente presenta un conflicto de intereses significativo.

Según Lee, ni siquiera puede twittear sobre el estado de Litecoin sin que alguien lo acuse de tratar de aumentar sus propias acciones en la compañía. Es por esta razón, que Charlie Lee, deseando eliminar por completo las percepciones de la mente del público, decidió vaciar su cuenta de Litecoin el 20 de diciembre de 2017. Es bastante sorprendente pensar que Charlie comenzó Litecoin como un simple medio para mejorar Bitcoin. Sin embargo, terminó por ubicarse en la cima de una fortuna de Litecoin.

Y a pesar de que Charlie Lee recientemente ha saltado del barco, continúa insistiendo en que Litecoin es más fuerte que nunca. Si Litecoin era una embarcación oceánica, el Sr. Lee era el capitán que no se hundió con su nave, pero solo el tiempo dirá si Litecoin puede continuar con su creciente ola de éxitos sin que él esté al mando.

Antes que sigan Adelante, echen un vistazo a este regalo gratuito.